国富论

[英] 亚当·斯密——著
高格——译

中国華僑出版社
·北京·

编者序

《国富论》是具有“现代经济学之父”美誉的亚当·斯密的一部经济学专著，是其最具影响力的代表作品。该书于1768年开始着手著述，原名《国民财富的性质和原因的研究》。1773年时已基本完成，但作者又花了3年时间润饰此书。1776年3月，《国富论》正式出版，一度引起了大众广泛讨论，影响所及遍布英国本地及整个欧洲大陆和美洲。

《国富论》出版时，正值资本主义发展初期，该书及时地总结了近代初期各国资本主义发展的经验，批判地吸收了当时的重要经济理论，提出了一套系统全面的经济学说。从作为国富基础的劳动，到提高劳动生产力的分工，到分工带来的交换，交换带来的媒介——货币，再到商品的价格，以及构成价格的基本要素——工资、地租和利润，文中都有精辟的论述。

该书在历史上首次提出了全面系统的经济学说，为该领域的发展奠定了坚实的基础，是现代政治经济学研究的起点。它概括了古典政治经济学在形成阶段的理论成就，最早系统地阐述了政治经济学的各个主要学说，标志着自由资本主义时代的到来；它主张自由市场，反对政府干预垄断，但也不认为商业制度本身是完全值得肯定的；在赞扬对物质追求的同时，又鄙视商人的行为和策略……它的理论奠定了资本主义自由经济的理论基础。时至今日，《国富论》仍然可以看作用现代经济学研究方法写作的第一部著作，对经济学研究仍然起着重要作用。今天，《国富论》中的许多学说虽然已经被后来的经济学家突破，但斯密所确立的研究方向和方法影响深远，他富有预见性的洞察和诸多明确、实用的见解也总能引起后人的重新思考。

《国富论》共分五篇，总结了近代初期各国资本主义发展的经验，批判吸收了当时的重要经济理论，第一次提出了市场经济会由“看不见的手”自行调节的理论。由于原版内容太过庞杂，阅读门槛较高，容易造成阅读压力。本书特意结合当今的经济形势，对原来的内容进行了精选精校，真正做到让读者用最少的时间，汲取到《国富论》的精粹。

《国富论》是一部将经济学、政治理论、哲学、历史和经济实践活动巧妙地结合在一起的综合性著作，还是一部划时代的巨著，是市场经济学的“圣经”。无论作为经济学的经典读本，还是作为语言学习的课外读物，对当代读者，特别是对经济学相关专业的大学生和从事经济学研究的学者都将产生积极的影响。不同的人读《国富论》会有不同的收获，而且往往还会有意外收获。

目 录

第一篇
论劳动生产力增进的原因并论劳动生产物自然分配给各阶级人民的顺序

第二篇
论资产的性质、积累与使用

第三篇
论不同国家的财富发展

第四篇
论政治经济学体系

第五篇
论君主或国家的收入

第一篇

论劳动生产力增进的原因并论劳动生产物自然分配给各阶级人民的顺序

劳动生产力上最大的进步，以及所有劳动指向和应用的地方展现出的熟练程度、技能和判断力的提高，似乎都源于分工。

第一章
论分工

劳动生产力上最大的进步，以及所有劳动指向和应用的地方展现出的熟练程度、技能和判断力的提高，似乎都源于分工。

考察一些特殊制造业中的分工，可以让我们更好地理解分工在社会一般事务中所起的作用。人们习惯认为，越是微不足道的小制造业，分工反而越细。也许事实并不全如人们所想的那样。不重要的制造业之所以表现得比重要制造业中的分工更细，是因为它们本身需求量小，雇工也不多。这样一来，供职于各个部门的劳动者往往会集中在同一个地点工作，观察者能够一目了然。反之，在那些需求量大的重要制造业中，由于各个部门劳动者众多，全部集中在一起工作显然不可能，我们大多只能看到一个部门的工作者。因此，尽管大制造业中的工作划分比小制造业更加细致，却常常由于这个原因而被人们忽视。

作为一种微小制造业，制针业的分工屡屡引起人们的关注。下面我们就将其引为例证来分析。一个人如果没有接受过这种职业（制针已经因为分工而成为一个专门的职业）技能的培训，又不懂得操作相关的机械（这种机械的发明大概也与分工有关），那么即使他倾尽全力，恐怕一天也难造1枚针，更别提20枚了。但是，按现行的生产模式，制针不仅形成了专业化生产，还派生出许多部门，而这些部门中的大多数工作也同样是专门的职业。一个人抽铁丝，一个人拉直，一个人切截，一个人削针尖，一个人磨圆另一端以便装上针头。仅装针头一项，就包括两三道工序，装针头，把针涂白。甚至外包装，都成为专门的职业。如此一来，制针的流程就包含了大约18项操作。这18项操作在有些工厂中分别由18人完成，当然也有些是一个人包办两三项。我见过这样的一个小厂，因为只有10个工人，所以有人身兼两三项操作。虽然这样的小厂资金匮乏、设备简陋，但只要工人们勤恳工作，一天生产12磅针也不成问题。依每磅4000枚中号针来算，10个工人日产针4.8万枚，平均下来每人每天产针4800枚。假如让他们在没有经过全程职业技能培训的情况下独立工作，别说一天造20枚针，恐怕连1枚也造不出来。也就是说，他们不仅完不成分工合作情况下产量的1/240，甚至连1/4800也达不到。

分工使同样人数的劳动者得以完成远超从前的工作量，其原因有三：第一，每一个特定环节的工人技能得到提升；第二，免除了在不同类型工作之间来回转换耗损的时间；第三，大量精减劳动的机械的发明，使一个人能够胜任多个人的工作。

第一，工人技能提升，必然会使他所能完成的工作量增加。由于实施了分工，各个工人的业务变成了一种单一的操作，终其一生都在重复进行，当然能够大大提升熟练程度。

第二，由一种工作转到另一种工作时损失的那些时间，节省下来将会使我们得到超乎想象的利益。人们很难快速地从一种工作转到另一种工作，尤其是二者需要使用完全不同的工具，而且在不同场所进行时。一个还要耕种田地的农村纺织工，从织机到田间，再从田间转回到织机旁，总会耗费许多时间。如果能将两种技艺在同一工作地点进行，无疑能降低不少时间上的损失，但即便如此，损失仍旧不小。

第三，利用适当的机械，可以在很大程度上精简劳动，这点相信大家都熟知，就不再提供佐证。在这里我只想阐明一点：那些简化和节省劳动的机械的发明，也是分工的结果。人把注意力倾注在单一目标上，比分散在多个目标上能更快更轻易地找出达到目的的捷径。分工能够使每个人的全部注意力自然集中于某一简单事物上。因此，假以时日，各个具体的劳动部门中必然会有人发现一些专门针对自己工作的简单易行的操作方法，只要工作性质上还有改良的余地。当今分工最细致的各种制造业上应用的那些机械，很多都是由普通工人发明的。他们始终重复着单一的操作，自然会想到一些让操作更简便的方法。每一个去制造厂参观的人看到的那些精妙机械，都是普通工人为了更快更轻松地完成自己的工作而发明的。

但是，并非一切机械的改良，都只依靠机械操作工的灵光乍现。当机械制造演变为一种专门的职业之后，还有许多是来自机械制造师的创造。另外还有一些，则来源于哲学家或思想家的智慧。哲学家和思想家们没有什么实事做，整天都在观察周遭的事物，因而他们常常能够将看似风马牛不相及的各种事物巧妙地结合起来。伴随着社会的发展和进步，哲学和推想也同其他职业一样，成为某一类人的主要业务和专门工作。并且哲学也像其他职业一样，派生出了许多不同的分支，给各个研究领域的哲学家提供了施展的舞台。哲学上这种分工，也像其他职业上的分工一样，既提升技能又节约时间。每个人都在自己熟悉的工作领域内拥有专长，不仅增加了全体的工作产量，而且大大提升了产业的科技含量。

由于分工的存在，各行各业的产量大幅增加，在一个政治修明的社会里，连最下层的民众也能普遍过上富裕生活。工人的劳动成果，除了满足自身需要，还剩余大量产品可供出售；因为处在相同的环境中，其他的每个劳动者也都拥有大量自己生产的物品可以拿来交换。也就是说，都能换得其他劳动者持有的相同价值的大量产物。别人所需的物品，自己有能力供应；对于自身的需求，别人也能给予充分满足。这样一来，社会各阶级普遍富裕。

去看看文明、富强的国家里一个最普通技工或日工的生活用品吧！你会发现，在这种生活用品的生产过程中，有难以计数的劳动者参与，尽管每个劳动者只是完成其中微乎其微的一小部分。就拿一个日工所穿的粗呢外套来说，尽管粗劣，却也是由众多劳动者联合生产的。为了生产这件日用品，牧羊人、选毛工、刷毛工、染色工、粗梳工、纺工、织工、漂洗工、缝纫工，以及其他许多人须得联合起来工作。另外，由于材料往往需要在这些彼此相隔甚远的劳动者之间来回运送，就需要有很多商人和运输者参与其中。再有，染色工所用的药料购自世界各地，这需要有多少商业和航运业参与，才能把各种药料收集在一处？更别说其中的船工、水手、制帆人和制绳者了！要生产这些最普通劳动者所使用的工具，又需要多少种劳动啊！暂且不说如水手工作的船、漂洗工用的水车或织工用的织机这些大型机械，单单是牧羊人剪毛时所用的剪刀这样的简单工具，其制造就得经过多少种不同的劳动！生产一把极其普通的剪刀，就得动用矿工、熔炉制造者、伐木人、熔炉工、制砖工、泥水匠、煅工、机械安装工、铁匠等，需要将他们的各种技艺结合起来。假如我们用同样的方法考察一个劳动者的服装和家用器具：贴身穿的麻布衬衣，脚上穿的鞋子，睡觉用的床及各种床上用品，烹调用的炉灶，由地下采掘出来后经过海陆交通运输到达的煤炭，厨房中的一切用具，餐桌上的所有器具，盛取食物用的陶瓷和锡制器皿，烘面包和酿酒的用具，还有透光透热、遮风挡雨的玻璃窗（少了这项伟大发明，人类没法在地球北部如此舒适地安居），制造它们时必备的一切知识和科技，以及生产过程中所用的各种器具等，当我们结合每样东西生产过程中投入的各种劳动去探究这一切，我们就会知道，假如没有千千万万劳动者的分工协作，一个文明国家里的普通平民，将连一件极为简单平凡、不起眼的日常用品也享用不起。诚然，比起富贵人家的奢靡享受，他的日常生活需求算是极为简朴的了，但是不由得你不信，一个欧洲君主虽然比一个勤俭的农民享有的生活用品多，但这个农民享有的生活用品却比非洲国王多得多。

第二章

论分工的起因

分工带来如此多的利益，但它并非人类智慧的产物，最初的人类智慧并没有预见到并且期望通过分工能达到普遍富裕。事实上，是人性中的某种必然倾向导致了分工的出现。这种互通有无、以物易物、互相交易的倾向形成缓慢，而且几乎从未想到会有如此广泛的利益。

我们现在不去研究这种倾向是否是人性中一种无法透彻解析的本能，也不去想它是否更可能是人类理性和言语能力导致的必然结果，但它的确是人类共有和特有的一种倾向，在别的任何动物身上，这种契约行为倾向都得不到体现。两只猎犬追逐同一只兔子也是协作，它们把兔子在彼此之间来回追堵，但这只是某一小段特殊时间内偶然发生的一致性动作，而且它们从未定立契约。我们从没见过哪两只狗公平审慎地交换骨头，也从没见过一种动物用姿势和呼声告诉别的动物：这个归你，那个归我，我们交换。一个动物若想从人或者是别的动物那里获得某物，除了讨好他们，没有任何说服或者劝诱的手段。别的动物到了壮年几乎都可以不依靠其他动物而独立存活，而人却离不开同类的协助。

可是仅仅把希望寄托于别人的善心显然不够。如果能够利用每个人的利己心态，告诉他们你想让他们做的事对于他们自身同样有益，那就能轻松达到目的了。不论是哪个想同别人做交易的人，首先都会这样提议：请给我我要的东西吧，我会同时给你你想要的——这就是每一项交易的主旨所在。我们的日常所需，大抵都是通过这种方式获得的。我们获取的食物并非来自屠夫、酿酒师和面包师的恩惠，而是出于他们的利己思想。我们不用向他们乞求怜悯和爱意，只需唤起他们的利己心理就行了。不必向他们说我们的需求，只需强调他们能够获得的利益。没有人愿意仰仗别人的爱心过活，除了乞丐。即使是乞丐也不能完全依赖人们的怜悯。乞丐的生存资料全部依靠善心人士提供，但是归根结底，乞丐不可能在任何有需要的时候都能马上得到施舍。他的相当一部分偶然需要也得和多数人一样，通过契约、交换和购买的形式获得。他拿别人施舍的钱去购买衣服，用别人给他的旧衣服去换另一件更适合自己的旧衣服、住所、食物，或者是钱，然后拿钱去买需要的衣服、住所、食物。

正因为我们能够通过契约、交换和购买来满足自己的绝大部分需求，所以才从这种相互交换的倾向中产生了分工。比如，在狩猎或者游牧民族中，某人有一手制造弓箭的绝活，经常拿自己的弓箭去和别人交换牲畜和肉食，后来他发现，比起自己到野外打猎，这种方式可以让他得到更多。于是，他从自己的利益出发，把制造弓箭作为自己的主要工作内容，渐渐变成了一个武器制造者。另外有一个人善于建造茅屋、修缮房舍和架设屋顶，常常被人请去搭建房屋，因而得到了许多家畜和肉类。最终，他觉得专门以建造房屋为业对自己更为有利，于是他就成了一个房屋建筑者。就这样，第三个人成了铁匠或铜匠，第四个人成了硝皮者或制革者（皮革是蒙昧时期未开化人类的主要衣料）。这样一来，因为每个人都能用自己剩余的劳动生产物拿去换别人拥有的、对自己有用的劳动产物，自然就鼓励了大家各自从事一项专门的职业，继而在自己熟知的领域内发掘潜质、施展才能。

事实上，各人的天赋、资质差异并非如我们想象得那样大。多数情况下，与其说是成年人在不同职业中表现出来的极不相同的才能导致了分工的出现，倒不如说是分工造成了这种结果。两个差异较大的人，比如一个哲学家和一个大街上的挑夫，他们的差异更多的来自习惯、风俗、教育方面的不同影响，而并非天资的悬殊。从他们出生到七八岁以前，彼此的天性极为相似，恐怕连他们的父母或亲友都看不出他们身上有什么显著的差别。大约也就是从那个时候开始，或者是在紧接着的时间里，他们开始投身于不同的职业。慢慢地，人们看出了他们之间日渐明显的差异。到了最后，哲学家受虚荣心的驱使，将他们之间的相似之处全部抹杀。然而，人类如果没有互通有无、以物易物和互相交易的倾向，每个人都必须亲自生产自己所需的一切生活用品，所有人的任务和工作全无分别，那么职业的不同所产生的才能的巨大差异将不复存在。

交换的倾向不仅使从事各种职业的人表现出极显著的才能差异，还使这种差异得以为人所用。许多同种不同属的动物，其本身的天资差异比起人类在未经习惯、风俗、教育影响以前的天资差别大得多。就天赋资质而论，哲学家与街上挑夫的差异，远远比不上大猛犬与猎犬、猎犬与长毛垂耳犬、长毛垂耳犬与牧羊犬的差异。然而，这些同种不同属的动物彼此之间并不存在什么利用价值。猎犬的敏捷，长毛垂耳犬的机智，牧羊犬的乖顺，决对不会对大猛犬力量的增强有任何帮助。因为它们没有互相交易的能力和倾向，所以也不能把各自不同的资质凝聚为一种共同的资源，因而也无法向自己的同类提供更好的福利和方便。每个动物始终都得各自分立，自给自足、自我保护。自然赋予了它们各种各样的才能，而它们却不能借此增加任何一点利益。人类则完全不同。他们之间即使是最不相同的才能也能引以互用。他们依着互通有无、以物易物和互相交易的一般倾向，把各种才能所能创造出的不同产物，组合成一个共同的资源体系，就像是一种共同财富平台，每个人都可以从中各取所需，随意地交换别人生产的任何产品。

第三章

论分工受市场范围的限制

因为交换引起了分工，所以分工的程度势必受到交换能力大小的限制，换言之，要受市场范围大小的限制。如果市场过小，就无法鼓励人们毕生致力于一项专门的业务。因为在这种情况下，他们不能拿自己的剩余劳动产物随意换得自己需要的、别人的剩余劳动产物。

有些职业，哪怕是最低级的职业，也只能存在于大城市。像搬运工，就只能栖身于大城市。小村庄空间太狭小，自然不用说；即便是中型城市，亦不够大，不能提供给他稳定的工作来源。散布在苏格兰高地一带荒凉孤寂的小村庄里的农夫，不论哪一个，都不得不为了自己和家人而包揽屠夫、面包师乃至酿酒人的工作。在那种地方，方圆二十英里内甚至找不出第二个铁匠、木匠或泥水匠。远在这班工匠八九英里之外居住的零零星星的农户，就只好亲自动手去应付这许许多多的小事情；而在人口密集的地方，这些小事情照例要请专业工匠来做。在农村里，一个人兼顾几项性质类似、用材接近的业务的情况相当普遍。在农村，木匠要制造一切木制品，铁匠要制作一切铁制品。一个农村木匠不单单是木匠，同时还是细工木匠、家具师、雕刻师、车轮制造者、耕犁制造者，乃至二轮、四轮运货车的制造者。木匠的工作已经够繁杂了，铁匠更甚。像苏格兰高地那样偏远的乡村，一个专门造铁钉的工人无论如何也维持不了生计。因为他即便只是日造1000枚铁钉，一年只有300个工作日，年产铁钉也有30万枚之多。但在那里，一年也销售不了1000枚铁钉，而那只是他一天的制造量。

由于水运开拓出了比单一陆运更为广泛的市场，因此各行各业的分工改良，自然而然地最先出现于沿海沿河一带。这种改良往往要经过很长时间才能在内陆地区普及推广开来。一辆由8匹马牵引、2个人驾驭的广辐四轮运货车，运载4吨货物，在伦敦和爱丁堡之间往返需要6星期左右；而一艘由6人或8人驾驶的船，运载200吨货物，往返于伦敦和利斯之间，也只需要同样的时间。也就是说，需100个人，400匹马和50辆四轮货车运送的货物，借助水运，只需6~8人。而且，将200吨货物由伦敦运往爱丁堡，即使按照最低的陆运费用标准来算，也需得负担100个人3个星期的生活费以及与此数目几近相等的400匹马50辆四轮货车的消耗维持费。而水运要负担的，充其量也不过是6~8人的生活费，载重200吨货船的消耗费，和比陆运多一点的保险费。所以，如果在两个城市之间，没有陆运以外的其他交通方式，那么除了那些重量不大而价格昂贵的货物以外，便找不出其他能从此处运往彼处的货物了。这样一来，两地间进行的商业活动，就将大大减少。当然，他们为彼此提供的产业发展上的促进也远远不会像今天这样大。假如世界上只有陆运这一种运输方式，那么那些偏远地区之间肯定没办法进行商业往来。有哪种货物，能负担得起由伦敦至加尔各答的陆上运输费用呢？即使有这种货物，谁又能确保货物安全通过横亘两地之间的众多野蛮民族的领地呢？可是，如今这两个城市之间进行着大规模的贸易，他们相互提供市场，并对彼此的产业发展给予着帮助和鼓励。

既然水运提供了这么好的便利条件，工艺和产业的改良，自然先从水运便利的地方开始。这种改良在内地得到普及一般都是许久以后的事。远离河海的内地生产出来的产品，长久以来都只能在附近区域销售，而无法远销各地。所以，内地的产品销量，一直以来都是和附近区域的财富与人口成比例。这就致使它的改良步伐总是落后于邻近区域。我国（指英国。下同。编者注）在北美殖民地开发的大种植园，几乎都位于海岸和河岸边，很少扩展至较远的内陆地区。

据可靠的史料记载，世界上最先开化的民族位于地中海沿岸。地中海是全世界最大的内陆海，没有潮汐，除刮大风时引起浪涌以外，鲜有波涛汹涌的时候。指南针尚未发明、造船技术还不完善的时代，人们面对惊涛骇浪都望而却步，不敢远离海岸。在这种条件下，地中海无疑是人类初期航海事业的最佳选择。在古代，越过赫拉克勒斯之柱，也就是驶过直布罗陀海峡西航，一直被视为航海史上最大的冒险。就连当时以造船航海事业闻名于世的腓尼基人和迦太基人，也在很晚时期才敢去尝试。而且在此后很长一段时间里，仍然没有别国人民敢去远航。

埃及是地中海沿岸各国中，在农业和制造业上发达最早、改良最大的国家。埃及北部的繁盛地域，都位于尼罗河两岸数英里以内。在埃及南部的广大地区，尼罗河则分成无数大大小小支流，遍布全境；只要稍加改造，这些支流就可以为境内的各大城市、重要的乡镇，甚至是村落里的各户农家，提供便利的水上交通。这和现今荷兰境内的莱茵河和麦斯河带来的益处并无二致。能将内陆航行应用到如此广泛和便利的程度，难怪埃及文明会出现得那么早。

东印度孟加拉各省以及中国东部几个省，他们的农业和制造业，似乎也在极早的时期就取得较大的改良，不过这尚未得到欧洲权威历史学家的确切证实。印度恒河和其他几条大河，也像埃及的尼罗河那样有许多可以通航的支流。中国东部各省亦是如此，一些大江大河，分出许许多多的支流和河道，它们交叉互通，使内地航行的范围大大扩展，就其广阔程度而言，非但尼罗河或恒河无法与之媲美，就是这两条大河加在一起也望尘莫及。值得注意的是，古代埃及人、印度人和中国人，都不鼓励对外贸易，他们的财富几乎全部得益于内河航运。

非洲内陆，黑海和里海以北遥远的亚洲地区，像古代的塞西亚，也就是当今的鞑靼和西伯利亚，似乎一直都处于野蛮未开化状态。鞑靼海是不能通航的冰洋，虽然也有些世界著名大河流经鞑靼，但它们彼此相距甚远，因此鞑靼大部分地区不适宜进行贸易和交通。欧洲有波罗的海与亚得里亚海，欧亚大陆有地中海与黑海，亚洲有阿拉伯、波斯、印度、孟加拉及暹罗诸海湾。可是非洲却连一个大的内海也没有，而境内各大河又彼此相距甚远，无法支持较大规模的内地航行。再者，即使有大河流经某个国家，但如果这条河没有支流，到了下游又须得经他国国境才能进入大海，这个国家也仍然不会有多么发达的商业。因为它与海上的交通往来，随时都要受下游国家的支配和影响，比如多瑙河，对于巴伐利亚、奥地利和匈牙利就几乎没有多大的商业效用。假如三国中任何一国掌握了该河到黑海的所有航权，那情况就大不一样了。

第四章

论货币的起源和货币效用

分工一旦形成并完全确立，一个人自己的劳动产物便只能满足其欲望中极微小的一部分。他须用自己消费不了的剩余劳动产物同别人的剩余产品进行交换，来满足自己的大部分欲望。这样，每个人都要靠交换生活，或者说，在某种程度上，所有人都成了商人，而社会也渐渐成为所谓的商业社会。

但在分工产生之初，这种交换力在发挥作用时往往捉襟见肘。比如说甲持有的某种物品数量超出了自己的消费需求，而乙所持有的同种物品却满足不了自己的消费需求，那么，自然是甲愿意卖，乙愿意买，但假如乙手中没有甲想要的物品，他们之间还是没办法进行交易。屠夫把消费不完的肉放在自己店里，而酿酒师和面包师都想要得到一份来满足自己的需要，但如果他们各自除了酒和面包以外，没有别的物品可供交换，而屠夫恰恰又不需要更多的酒和面包，那么，他们之间就完全没有进行交易的可能。屠夫做不了酿酒师和面包师的商人，而酿酒师和面包师也做不了屠夫的顾客。这样一来，他们彼此也就无法互利互惠。然而在分工确立以后，各时代各社会中都不乏一些有思想、有远见的人，他们为了避免这种不便，自然会想到随身携带一定数量的某种物品，这种物品并非自己劳动产物，却可以拿去和任何人的劳动产物进行交换而不被拒绝。

先后有各式各样的物品因为这个目的而被人们想出并加以利用。据悉，在未开化社会，人们曾把牲畜作为普遍的交换媒介。使用这种媒介似乎极为不便，但我们却发现，古人在交换中往往把牲畜数量作为标准来衡量物品的价值。荷马曾说：戴奥米德的铠甲，仅值九头牛，而格罗卡斯的铠甲，却价值一百头牛。据说，阿比西尼亚曾把盐作为商业变换的媒介，印度某些沿海地区用一种贝壳当媒介，弗吉尼亚用烟草，纽芬兰用干鱼，我国西印度殖民地用砂糖，其他某些国家则用兽皮或鞣皮。我还听闻，至今苏格兰的某个乡村还保留着以铁钉为媒介，来换购麦酒和面包的习惯。

但是，出于种种不可抗拒的原因，几乎所有国家的人们都渐渐决定使用金属而不是其他物品来做交换的媒介。金属耐磨，在这点上它优于其他任何物品。它不仅能够持久保存，还能被毫无损失地任意分割，分割后也可再熔成原样。而其他一切具有耐久性的物品都没有这个性质。金属的这一特性，使之成为最适宜的商业流通媒介。举例来说，假如牲畜以外的任何物品都不能用来换盐，想购买食盐的人就必须一次性购入相当于整头牛或整只羊价值的盐，这是最低限度，因为他用以交换食盐的牲畜是不可分割物品，分割了，就不能复原。如果他想购买得再多些，也只能依此理用两头、三头或更多的牲畜，来交换两倍、三倍或更多分量的盐。可是如果他用金属而不是牲畜来作为交换的物品，那么事情就好办多了，他只需按照自己目前的实际需要量，将金属进行分割，来交换等值的物品。

不同的国家使用过不同的金属来作为交换媒介。古斯巴达用铁、古罗马用铜，其余所有富足的商业国则使用黄金和白银。最初几乎所有用作交换媒介的金属都是粗条，没有经过铸造或打上标记。普林尼说，依据古代历史学家蒂米阿斯的记载，古罗马人一直到瑟维阿斯·图利阿斯时代，都还没有铸造的货币，他们使用没有标记的铜条购买自己所需要的商品。当时，就是这些粗条充当着货币。

这种粗疏的金属使用方法，存在着两种极大的不便：一是称量麻烦；二是鉴定困难。贵重金属在分量上差上少许，价值就会降低许多。想要精确地称量这类金属，就得具备极精准的法码和天平。尤其是黄金的称量，操作要更为精细。非贵重金属在称量时有些许误差，对价值的影响并不大，固然无须锱铢必较，但对于一个穷人来说，哪怕是价值区区一个铜板的买卖，也得认真衡量，这就免不了让人觉得烦琐之至。

而检验金属的工作，更是难上加难，让人烦忧。如不取一部分金属置于坩埚中，加适当的药物熔融，就无法得到可靠的检验结果。在货币铸造制度建立之前，不依靠这种既困难又烦琐的检验方法，就很容易受到极大的欺骗，一个人的交换所得很可能看起来是1磅纯银或纯铜，实则混入了许多极粗鄙、低贱的金属。所以，为了消除弊端、方便交易，进而促进工商业的发展，所有较为进步的国家都达成了这样一种共识：将商品交易中流通广泛的某些特定金属定量分割并打上官方印记。于是，铸币制度和被称为造币局的国家机构就出现了。这种制度和麻布呢绒检查官制度的性质类似。它们的用意都是通过加盖官印来统一市场上各种商品的性价，使交易变得简单规范。

货币金属的品质或纯度难以确定又必须确定，因此最初在货币上加盖官印的目的无外乎此。那时的刻印，类似于现在银器和银条上加刻的纯度标记，也类似于那种不覆盖整个金条表面，而只是在其中一角刻印的西班牙式标记。这种标记只显示金属的纯度，而与其重量无关。传说中亚伯拉罕称了400舍克尔的白银给伊弗伦，购买马克派拉田地。可见，那时金属货币的流通，和今日金块银条的授受一样，都不论个数，只论重量。撒克逊人入主英格兰之初，据说并不征收货币作为岁入，而是征取粮食等各种实物。自大威廉时代之后才形成了缴纳货币的惯例。不过，在很长的一段时期里，货币都是按重量而不是按个数计收纳入国库的。

准确地称量金属货币是一件既烦琐又困难的事，铸币制度由此而生。铸币的两个大表面都覆盖着印记，有的连边缘也被盖住。这种刻印，既标明了金属的纯度，还显示了它的重量。从此以后，金属货币在流通中就省去了称重的麻烦，人们只需像现在一样清点货币的数目就行了。

铸币的名称，最初表达的似乎是其中含有的某种金属成分的量。古罗马从瑟维阿斯·图利阿斯时代开始铸造货币，那时候的名为阿斯（AS）或庞多（Pondo）的货币里含有纯铜1罗马磅。1磅等于12盎司，即每阿斯或庞多含纯铜12盎司。在爱德华一世时代，1英镑含有纯银1陶尔磅。1陶尔磅比1罗马磅略重，而比1特鲁瓦磅略轻。到了亨利八世十八年，英国造币厂才开始采用特鲁瓦磅。由于当时欧洲各国人经常出入位于法国东北部香槟省的特鲁瓦城，因此，这个著名的市场采用的权衡标准得到了广泛的认可和推崇。在查理曼大帝时代，法币1利佛（Livre）含纯银1特鲁瓦磅。从亚力山大一世时代到布鲁斯时代，苏格兰币无论从重量还是纯度上都和英币一样，1镑里含纯银1磅。最初，英格兰、法国和苏格兰的1便士，都含1便士重量的银，即1/20盎司，或1/240磅的银。先令最初也是一种重量单位。亨利三世时有法律规定：当小麦的价格为20先令1夸脱时，售价1法辛的全麦面包，重量必须达到12先令4便士。不过，先令对便士或者是对镑的比例经常浮动，而便士对镑的比例则比较稳定。在古时候的法国，苏（Sou）或先令的价值一直在变化，有时是5便士，有时是12便士，有时甚至达到20便士乃至40便士。在古代撒克逊人中，先令有时只值5便士，其价值含量似乎紧随着邻近的法兰克人而动。在法国，从查理曼大帝时代开始，在英国则从大威廉时代以来，镑、先令和便士，虽然在价值上有很大变动，但彼此之间的比例和现在相比几乎没有多大差别。我们有理由相信，世界上任何一个国家的君主，都是贪婪不公的。他们欺骗臣民，逐渐削减了货币所含贵重金属的真实分量。到了罗马共和国后期，阿斯的价值减为最初的1/24，名义上含纯铜1磅，实际上只有半盎司。如今，英格兰镑和便士的价值约为从前的1/24；苏格兰的镑和便士，大概是从前的1/36；法国的镑和便士大约是从前的1/56。依靠这种手段，君主和国家只需要用少量的白银，就可以偿还债务、履行契约。单看表面的话，似乎扩大了利益，因为政府的债权人应得的一部分利益被剥夺了。但是，这势必会引起全国上下所有的债权人竞相效仿，他们也像君主一样，拿面额相同却已经贬值的新铸货币去支付货币改铸之前的债务。因此，这种措施，只对债务人有利，而对债权人是有害的。要知道，有时候这种个人利益的受损可能会引发一场比巨大的公共灾难波及范围更广、破坏性更大的革命。

但货币仍然通过这种方式，成了一切文明国商业上的通用媒介。有了货币的出现，所有的货物才得以借助其进行买卖和交换。

那么人们在进行物物交换和货币与商品的交换时要遵循什么样的法则呢？这些法则是如何决定了商品的相对价值，也就是交换价值呢？我们现在就来研究一下。需要注意的是，“价值”一词含义有二：一是表示某种特定物品的效用，也就是使用价值；二是表示由于占有某物而具有的对其他物品的购买力，也就是交换价值。使用价值很大的东西，往往交换价值极小，甚至没有；反之，交换价值很大的东西，亦往往使用价值极小，甚至没有。例如，水的用途最广泛，但我们用水买不到任何物品，也不会拿任何物品去交换水。相反，钻石虽然几乎谈不上什么使用价值，却须得持有大量其他物品方足以与之交换。

我将尽力阐明以下三点，以期深究支配商品交换价值的原则：

第一，交换价值的真实尺度究竟是什么，即哪些因素构成了所有商品的真实价格；

第二，构成真实价格的各个部分，具体包含什么；

第三，什么情况导致了某些或者是全部商品的真实价格，时而高于其自然价格或普通价格，时而又低于其自然价格或普通价格？换言之，商品市场价格或实际价格与自然价格不一致的原因何在？

我将在下面三章中对上述问题做详尽说明。因为有些地方可能略显冗长、累赘，敬请读者耐心品读，细细体会其中深意；而有些地方虽挖空心思仍旧表达得不甚明了，也请读者多加思考。我因要深挖内涵，自然不惧烦琐。但是碰到一个极端抽象的题目，可能绞尽脑汁却终不得其解，因此，如若有晦涩不明之处，万望见谅。

第五章

论商品的真实价格和名义价格，或其劳动价格和货币价格

一个人的贫穷或者富有，依其享有哪种层次的日常用品、便利品和娱乐品而定。而自分工完全确立以来，各人所需要的物品，仅有极小一部分是靠自己劳动生产的，绝大一部分必须仰仗于他人的劳动。如此一来，一个人是贫穷还是富有，就要依他所能够支配的劳动的多少而定，也就是看他能够购买多少劳动。一个人所占有的自己不想使用的而想拿去和他物进行交换的某种物品的价值，就等于他能购买或支配的劳动量。所以，劳动才是衡量一切商品内在交换价值的真实尺度。

任何一件物品的真实价格，即某人欲获得这件物品需付出的实际代价，包含了为得到它而承担的辛苦和麻烦。对于既得某件物品又欲以其交换他物的人来说，它的真实价值，等于它能为自己免除并转嫁

到别人身上去的辛苦和麻烦。用货币购买到的，或是用货物交换到的物品，实际上都是用劳动购买的，和我们通过自己劳动生产没什么两样。这些货币或货物，在相当程度上减少了我们的劳动，但在交换其他物品时，它们被认为和被交换物品包含着同样价值的劳动量。劳动是第一性价格，是一切货物最原始的抵偿形式。世界上的任何商品，在最初都是用劳动购买而不是用金银购买的。因此，对于商品的持有者来说，它的价值，恰恰等于因为拥有它而获得的能够购买或支配的劳动量。

霍布斯说：财富就是权力。但一个人获得或承继了大宗财产，并不意味着他就享有了民政上或军政上的政治权力。他的财产也许能够为他谋求政治权力提供了便利，但仅有财产未必就能使他获得政治权力。财产能够直接提供给他的只是购买力，是支配当时市场上各种劳动或劳动产物的权力。财产的多少与这种支配权力的大小，也就是财产所有者能购买或支配的他人劳动量或他人劳动产物数量的大小成正比。一种物品的交换价值，始终和它为其所有者提供的劳动支配权力相当。

虽然劳动是一切商品交换价值的真实尺度，但是通常衡量商品的价值并非依据劳动。对于两种不同的工作，很难比较它们的劳动量。因为这不仅要比较两种工作耗费的时间，还要综合考虑其难易程度和精细程度，而劳动难易程度和精细程度极难准确地衡量。一个小时的困难工作可能比一个小时的容易工作包含更多劳动量；学习十年才能胜任的工作做一小时，可能比普通的工作做一个月包含更多劳动量。诚然，不同类型的劳动生产物在进行交换时，通常也会在一定程度上考虑其困难程度和精巧程度的不同，但毕竟无法找到一个准确的标准作参照，只是通过交换双方在市场上的讨价还价大致做到两不相亏。这种方法虽不很精准，但足以应付人们的日常买卖行为。

另外，因为商品主要是与商品交换，而不是与劳动交换，所以还是商品与商品比较的情况多，商品与劳动比较的情况少。所以，人们更习惯于以一种商品所能换得的另一种商品的数量，而不是其所能购得的劳动量来估计其交换价值。而且，某种特定商品的数量，比某项工作的劳动量更为直观，更容易被人理解。毕竟前者看得见、摸得着，而后者却是一个抽象的概念。抽象概念即使能被人透彻理解，也始终不如具体实物那样清晰明了。

但是，当物物交换被淘汰，货币成为商业上通用媒介之后，商品就大多与货币交换，而很少与别种商品交换。屠夫不再直接拿牛羊肉到面包店或酒店去交换他需要的面包或麦酒，而是先去市场上把肉卖掉，再用卖得的货币去购买面包或麦酒。他通过卖肉能得到多少货币，就能买到多少等值的面包和麦酒。这样一来，屠户再去估量牛羊肉的价值时，自然会优先使用牛羊肉能直接换来的货币量，而不是用间接取得的面包和麦酒的量。再者，说每磅肉卖3便士或4便士，显然比说每磅肉值3斤或4斤面包，或者值3夸脱或4夸脱麦酒更合适。因此，一件商品的交换价值更多地按货币量计算，而极少按其所能交换的劳动量或别的商品的量来计算。

金银和其他一切商品一样，价格波动时高时低，因此其购买也时难时易。一定量的金银所能购买的商品量或所能支配的劳动量，往往取决于当时的金银矿出产量。16世纪，人们在美洲发现了丰富的金银矿藏，致使欧洲的金价、银价骤然降低为原来的1/3。这些金属从开采到上市所需的劳动较少，因此上市后所能购买或支配的劳动也相应减少。历史上的金银价格波动程度以这次为最，但此类波动绝非这一次。

君主和国家往往会为了眼前利益减少铸币内所含纯金属的量，却从来不会想到去增加铸币内所含纯金属的量。相信各国都是如此。因此，货币地租的价值一直会随之降低。

随着美洲金银矿的发现，欧洲金银大幅贬值。有人推测，金银价值还会继续下跌，而且这种趋势在长时期内不会扭转——没有任何切实依据表明真的会如此。所以，按照这种推测，货币地租的价值不会增加，只会降低。即便是把地租定为纯银或标准银若干盎司，而非铸币若干镑，也无济于事。

谷物地租则不同。即使在铸币中贵重金属含量没有降低的时候，谷物也比货币更能使地租保持原有价值。伊丽莎白十八年有法律规定，国内所有学院在上缴地租时，需缴2/3货币，1/3谷物，或者把谷物按照当时的市价折合成货币。现在，据布勒克斯顿博士说，由谷物折算出的货币，一开始只占全部地租的1/3，但现在已经大约是其他2/3地租的两倍了。照这样算，各学院的货币地租，价值几乎已经减少为原来的1/4或其原值谷物的1/4了。而自从菲利普和玛丽执政直到现在，英国的铸币金属含量几乎没有变化过；不管是1镑、1先令还是1便士，含有的纯银的量几乎都和它们的价值相当。因此，各学院货币地租价值的下跌完全是银价降低的结果。

倘若银价降低，同时铸币内所含的纯银量也减少，那么货币地租无疑会损失更大。就法国、苏格兰、英格兰三国相比较，其铸币内的含银量都有所降低，其中法国最甚，苏格兰次之。因此，这两国昔日极具价值的地租，到现在几乎全无价值可言。

如果我们想用等量的金银或其他货物在两个相隔久远的时代里购买到等量的劳动，似乎不太可能；倘若换用等量的谷物（劳动者的生活资料），那么可能性就大多了。在两个相隔很久的时代里，等量的谷物几乎具有同样的价值，所以谷物的持有者可以购买或支配等量的劳动。当然，我们只能说等量谷物和等量其他商品相比更有可能购买或支配等量劳动，因为即使说等量，也不可能丝毫不差。劳动者的生活资料或劳动的真实价格，如同我在后面将要说明的那样，在不同时期可能相差很大。劳动者所享有的生活资料，在进步社会中最为丰富，在停滞不前的社会中一般，在衰落社会中则较少。除谷物以外，一切商品在某一时间所能购得的劳动量，必定和它当时所能购得的生活资料量相当。所以，谷物地租只会随着一定分量谷物所能购买的劳动量的变动而变化，而以其他商品来计算的地租，则会受到一定分量谷物所能购买的劳动量，还有一定分量这种商品所能换购的谷物量这两方面变动的影响。

不过，我们需注意的是：虽然一个世纪一个世纪地比较，谷物地租真实价值的变动比货币地租真实价值的变动少得多，但一年一年来看的话，谷物地租却比货币地租真实价值的变动多得多。如后章所要说明的那样，劳动的货币价格并不随谷物的货币价格起伏波动。它几乎不与谷物的偶然价格或暂时价格相适应，而是和其一般价格或平均价格相适应，而且以后我们会知道，谷物的一般或平均价格，还要受银价、银矿出产量、银运往市场过程中使用的劳动量，以及劳动者消费的谷物量的支配。虽然一世纪一世纪相比，银价时有大波动，但一年一年相比，却鲜少有大的变动。在50年或100年间，银价有可能保持近似或相等。因此，谷物的一般或平均价格在长时间内也可能保持不变。

依照此理，只要社会其他状况稳定，劳动的货币价格也可以保持原状。不过，谷物的偶然或暂时价格比上一年高出一倍，这样的事时有发生，比如，上一年还是25先令1夸脱，今年就涨至50先令1夸脱。谷物价格上涨一倍，谷物地租的名义价值和真实价值就随着提高一倍，或者说所支配的劳动量或其他商品量比以前多出一倍，而劳动和大多数其他商品的货币价格却并未随之改变。

由此不难看出，劳动才是唯一普遍的、精确的价值尺度。也就是说，只有用劳动做标准，才能把任何时代、任何地方的商品价值拿来做比较。一世纪一世纪相比来看，用所能换得的银量来衡量某种物品的真实价值不合适；一年一年比较来看，用所能换得的谷物量来衡量某物的真实价值也不行。但无论从一世纪一世纪，还是一年一年来观察，我们都可以用一种物品所能换得的劳动量来准确衡量它的真实价值。就一世纪一世纪来说，谷物比银更适合作为价值尺度，因为在这种情况下，等量谷物比等量白银显示出更大的支配等量劳动的可能。但是就一年一年来说，银又优于谷物，因为在这种情况下，等量的银比等量谷物更能支配等量劳动。

比较真实价格与名义价格，对签订永久或长期的租地契约极为有用，但对于大多数日常买卖来说并没有太大意义。

一切物品的真实价格与它的名义价格在同一时间和同一地点都成正比。例如，在伦敦市场上出售的某种商品，售得的货币越多，那么它在当时当地所能购买或支配的劳动量也越多；反之亦然。所以，在同一时间和同一地点，货币也可以作为一切商品的真实交换价值的准确尺度。但是，只在同一时间和同一地点才是如此。

在相距甚远的两个地方，商品的货币价格不与其真实价格成比例，而往来其间买卖货物的商人只关注商品的货币价格，也就是说，他只考虑商品买价和卖价之间的差额。在中国广州，半盎司白银所能支配的劳动量或所能购买的日常用品量，或许比在伦敦花费一盎司白银所得的还要多。因此，事实上可能在广州售价为半盎司白银的某一商品比在伦敦售价为一盎司白银的这种商品，对于其所有者来说更宝贵、更重要。但是，假如一个商人能在广州以半盎司白银购入某一商品，转而拿到伦敦以一盎司白银的价格出售，那么他就从这趟买卖中获得了百分百的利益。通过这样的交易，一盎司白银在伦敦和在广州的价值看似一样了。商人才不管广州半盎司白银比伦敦一盎司白银能多支配劳动或日常用品这一事实呢。他所关注的只是在伦敦一盎司白银能否够支配两倍于半盎司白银的劳动量和日常用品量。

由于一切买卖行为是否合算最终是看商品的名义价格或货币价格，而且日常生活中几乎所有交易都是如此，所以，名义价格比真实价格更被人们关注也就不足为奇了。

但是，在我们这样一本书中，比较特定商品在不同时间和不同地点的不同真实价值，也就是特定商品在不同时期向其所有者提供的不同的支配他人劳动的能力，也是十分必要的。此时，我们所比较的，不是出售特定商品通常可得的不同银量，而是不同银量所能购得的不同劳动量。但是，对于各个地方在不同年代的劳动时价，我们往往无法准确地知道。而谷物时价虽然正式见诸史料记载的不多，但人们对它的了解一般还是比较清楚的，它也常常受到历史学家和学者们的关注。因此，我们得满足于用谷物时价来做比较，当然这并不是因为它始终和劳动时价同步涨落，而是一般来说二者的涨落比例是相似的。下面我们就做几个这一类的比较。

随着产业的进步，各国都发现了同时使用几种金属铸币带来的商业便利：大买卖使用金币；不大不小的买卖使用银币；小额的买卖用铜币或比铜更贱的金属铸币。人们往往会从这三种金属中特别选定一种作为主要的价值尺度，而它们中最先被用作商业媒介的那个往往成为首选。在货币尚未出现时，这种金属就已经被使用，所以后来人们往往会继续使用它，哪怕已经没有这种必要。

据说在第一次普尼克战争之前五年，罗马人才开始铸造银币，而此前，罗马只有铜币。似乎因为这个原因，罗马共和国才会继续以铜币为价值尺度。罗马所有账簿的记录和财产价值的计算，都是用的阿斯或塞斯特斯（Sesterce）。阿斯是一种铜币，而塞斯特斯的表意即为2.5个阿斯，故塞斯特斯虽系银币，其价值却常以铜币计算。因此，在罗马，那些背负一身债务的人，往往被说成借了别人许多铜。

而那些于罗马帝国废墟之上兴起的北方民族，从定居之初就只使用银币，此后数代都没有出现金币和铜币。撒克逊人入主英格兰之初，英格兰也只有银币。直到爱德华三世时代，才出现了少量金币。詹姆士一世以后，铜币才开始流通。所以，我敢以此大胆推论，英格兰乃至近代欧洲各国，所有账簿的记录和货物、财产价值的计算，都是用的银。要表示一个人的财产数量时，我们不是说它值多少几尼金子，而是说它值多少磅纯银。

我相信，最初，所有国家的法定货币都只是被定为价值标准的那种金属铸币。在英格兰，黄金在成为铸币后很久还未取得法币资格。没有法律或公告规定金币与银币的价值比例，它全然取决于市场。所以，债权人可以拒绝债务人以金偿还债务，或者，须得双方就金价达成一致意见。时至今日，铜币已经不是法币，只能用以兑换小银币了。所以，在这种情形下，本位币与非本位币就不仅仅是名义上的区别了。

渐渐地，人们习惯了同时使用数种铸币，而且熟知各种铸币价值的比例。我相信，也就是从那时起，大多数国家才认识到了确定这比例带来的便利。例如，利用法律明文规定，这个纯度和重量的几尼可换得21先令，这个数额的债务，可以用几尼这种法币偿还。这种情形下，在法定比例的有效期内，本位币与非本位币只有名义上的区别。

不过，一旦法定比例发生变动，本位币与非本位币的区别似乎又只是名义上的了。例如，在所有账目都以银币记录、所有债务都以银币表示的情况下，如果法律规定1几尼金币由原来的21先令落至20先令，或者升至22先令的话，用银币偿还旧债当然没有差别，但是用金币偿还就会有很大的差异。若1几尼金币低于21先令，所需的金币数就得增多；若1几尼金币高于21先令，所需金币数就会减少。这样看来，银价似乎比金价稳定；人们好像是以银价为尺度来衡量金价，而并非以金价衡量银价；金的价值，似乎取决于它所能交换的银量，而银的价值则不受金的影响和制约。但事实上，这完全是因为账簿的记录和财产价值的计算用的全是银。如果德拉蒙先生有一张期票上注明金币25几尼或50几尼，则不管法定比例如何变动，照旧可以用和以前同额的金币兑付。在这种情况下，若不以金币而以银币兑付，那么数额必然会随法定比例的变动而产生差异。仅从这张期票的兑付来看，金价似乎又比银价稳定了，好像是以金来衡量银的价值，而非以银衡量金的价值了。所以，如果人们普遍用金来记录账簿、衡量财产价值，那么被当作价值标准或价值尺度的就不是银，而是金了。

实际上，在各种金属铸币的法定价值比例持续不变的情况下，所有铸币的价值都由其中最贵重的那种金属的价值来支配。例如，英铜币12便士，含有重约0.5磅的铜（16常衡盎司为1磅，常衡为英美质量制度，用于金银、药物以外的一般物品。编者注）。而由于这种铜质量不好，在没铸成铜币之前，0.5磅铜很可能连7便士银币都不值。可是，由于法律规定，铜币12便士可换1先令，既得了法律认可，于是这含0.5磅铜的12便士铜币在市场上随时都可以换得1先令。即使是在最近的一次金币改革以前，英国金币，至少是在伦敦及其附近流通的金币，其含金量也普遍没有像大部分银币那样跌落到标准以下。可是，尽管银币质量低劣，而金币质量优良，甚至连磨损都没有，法律仍然规定银币21先令可抵金币1几尼。由于最近的法律限制，金币已经最大限度地接近于标准重量了，并且官署发布的只按重量收受金币的命令一旦执行，即可保证在法令延续时间内金币的重量始终达标。而银币仍像以前一样，质量低劣、磨损严重。可是在市场上，21先令这样粗制滥造的银币仍可换得品质优良的金币1几尼。

这样，这次金币改革无异于提高了可以和金币相互兑换的银币的价值。

在英格兰，1磅黄金被铸成44.5个几尼，1几尼等于21先令，等于46镑14先令6便士。因此，1盎司重的金币，等于3镑17先令10便士半的银币。英格兰从不征收铸币税，1磅或者1盎司重的标准金块拿到造币厂，可不折不扣换回重1磅或1盎司的铸币。所以，在英格兰，金的造币厂价格就是每盎司3镑17先令10便士半，也就是造币厂会拿这么多金币来交换标准金块。

在金币改革以前的好多年中，市场上标准金块的价格都超过了每盎司3镑18先令，有时是3镑19先令，更多的时候是4镑。但是由于磨损，4镑的金币里很少含有1盎司以上的标准金。金币改革以后，每盎司标准金的市场价格便很少有高于3镑17先令7便士的时候了。改革前，金币的市价总是或多或少地超过造币厂价格；改革后，其市价一直低于造币厂价格。但在市场上，银币21先令一直等于金币1几尼，价值始终不变。所以说，这次金币改革，不仅提高了金币的价值，同时提高了银币以及其他一切以固定的比例和金币兑换的商品的价值。但是，由于其他大部分商品的价格，还受其他诸多因素的影响，因此它们的价值增长比金币或银币更为明显。

在英格兰，1磅标准银块被铸成62先令银币。所以，银的造币厂价格为每盎司5先令2便士，这也是造币厂拿去交换标准银块的银币量。在金币改革之前，1盎司标准银块的市场价格是5先令4便士、5先令5便士、5先令6便士、5先令7便士、5先令8便士等，其中以5先令7便士居多。金币改革以后，1盎司标准银块的市场价格降到5先令3便士、5先令4便士或5先令5便士，很少超过5先令5便士。银块的市场价格，虽然因为金币改革而降低了许多，但是始终没有低于其造币出厂价格。

英格兰的几种铸币中，由于铜被赋予的名义价值远远超过它的真实价值，因此银的名义价值略低于其真实价值。就法国、荷兰的铸币而言，纯金1盎司约合纯银14盎司；而就英格兰的铸币来说，纯金1盎司却合纯银约15盎司。也就是说，银在英格兰的估价比不上欧洲其他国家。可是，即使在英格兰，铜块的价格也没有因为铸币中铜的估价高而有所提升；同样，银块的价格也没有相应下降。银块仍然保持着它对黄金的适当比例；同理，铜块也保持着它对银的合适比例。

威廉三世改革银币之后，银块的价格仍然比造币厂价格略高。这种高价在洛克看来，是由允许银块输出而禁止银币输出的政策造成的。他说，允许银块输出，必使国内对银块的需求量大于对银币的需求量。然而，国内需要银币来进行日常买卖的人，实际上却比需要银块来做出口或其他用途的人多得多。直到现在，我们仍然允许金块输出，禁止金币输出，可金块价格却低于造币厂价格。和现在一样，那时铸币的银和金相比，估价太低。那时也像现在一样，其他一切铸币的真实价值都由金币（那时金币也被认为无须改革）来规定。既然以往的银币改革没能使银块价格降低到其造币厂价格，那么现在任何诸如此类的改革恐怕也难做到这样。

假如银币像金币一样能够大致达到标准重量，那么按照现行的比例，1几尼金币交换到的银币，就会多于它所能购买的银块。银币所含的纯银量如果十足，那么先把银币熔掉，然后以得到的纯银交换金币，从而进一步换取银币，就能从中获利。要防止这种弊病，唯一的办法就是改变金与银的比价。

现在，就金银铸币的比价说，把银价评得高些，使之高于这一比值，同时再规定，除兑换几尼之外，银币不许充当法币，就像规定铜币只可兑换先令而不能充当法币那样，就可以多少解决一些上述的弊端。对银价适当高估，就像现在对铜价高估一样，不会给债权人带来任何损失。在这样的规定下，只有银行会吃亏。当有挤兑现象发生时，银行通常会用最小的6便士银币来兑付，想靠这个办法来拖延时间。如果实行这种规定，银行就不能再使用这种有损名誉的办法来拖延，必须立即支付款项。这样一来，他们就得在金库中存储大量的现金来应急。这样做，对银行当然是很不利的，但是，却能很好地保障债权人的权益。

当然，就算是现在最优良的金币——3磅17先令10便士半——也不一定就含多于1盎司的标准金；所以，有的人就觉得，这个数目的金币，不应该换得稍多的标准金块。可是，在使用的时候，金铸币确实比金块更为便利。另外，英国虽然不收取铸币费用，但把金块送到造币厂换回铸币，通常需要数个星期乃至更长的时间。在现在，由于造币厂工作太忙，至少要等上几个月才能把铸币取回来。时间上的拖延，事实上与抽取小额的铸币税无异，这样一来，金币的实际价值就会略高于相同重量的金块。因此，如果适当提高铸币银的评价，并让它与金铸币保持适当的比例，那么，无须进行银币改革，就能使铸币银的价格高于银块价格。这样一来，由于能够兑换优质金币，即使是磨损了的银币，也能因此而保持价值。

在金银币铸造的过程中，如果加征小额的铸币税，就会增加铸币金银的价值，与同等重量金银块相比，价格会进一步提高。这时候，金银铸币价值随税额比例而增加，这和把金银加工成器皿，金银器皿的价值会因附加制造费用而增加的道理是一样的。让铸币的价值高于等量金银块，不仅可以阻止人们去熔解铸币，还能阻止铸币的对外输出。即便万不得已必须输出货币应对紧急情况，要不了多久，这些铸币大部分也会流回本国。因为铸币在国外只能按照其重量出售，可是在国内却有超过实际重量的价值。所以，把流入国外的货币带回本国是有利可图的。比如法国，对铸币加征8%的税，据说，流出的货币都会自动流回法国国内。

金条银块的市场价格总在不时变动，其原因与其他商品市场价格波动的原因是一样的。在金银的运输过程中，难免会因意外事件而造成损失；另外，由于镀金、包金的需要，以及镶边和绣花的应用，金银都会因不断消耗而减少；并且，金银器和铸币也都会随使用而磨损。因此，那些没有金银矿的国家，就需要经常输入金和银，来弥补这些损失和消耗。我知道，与从事其他贸易的商人一样，从事金银进口的商人，一定会尽力依据当时国内的需求来输入金银。然而，不管他们怎样周密地去估算供求量，还是免不了误差，有时可能输入过多，有时又会输入过少。如果输入的金银多于需求，他们多半愿意以稍低的价格在国内卖出一部分，而不会冒危险与困难再行输出；假如输入的金银少于需求，他们就可以获得高出一般价格的售价。但是，在这些偶然因素的影响下，金条银块的市场价格如能连续几年保持在略高或略低于造币厂价格的稳定状态，我们断言，这肯定与铸币本身有关。也即这几年之内，铸币本身的价值有时会略高于、有时会略低于这些铸币之中应当含有的纯金银量。正是这种原因的稳定和持续，才会有结果的稳定和持续。

无论哪个国家的货币，在特定的时间和特定的地点，其作为价值尺度的准确性都取决于这种通用铸币是否合乎相关的铸造标准。换句话说，就是要看这种铸币所含的纯金银量是否符合它应当含有的标准纯金银量。举例来说，英国的几尼，假如44个半中恰确含有1磅标准金，也就是11盎司纯金和1盎司合金，那么，这种金币在特定的时间和特定的地点，就可作为正确尺度来衡量这里商品的实际价值。如果这44个半几尼有所磨损，它们所含的标准金的重量就会低于1磅，再加上磨损的程度又不一致，所以作为商品的价值尺度，就会有失准确，就像其他的度量衡一样有误差。真正十分准确的度量衡是不多见的，所以，商人们通常不会以度量衡标准来确定自己商品的价格，而是尽可能凭借自己经验——心中的度量衡。在铸币质量参差不齐的场合，商品的价格通常是按商人们经验上认可的铸币实际含量来计算，而不是按铸币规定的纯金银含量来调整。

需要说明的是，我这里所说的商品的货币价格，指的是这种商品交换得到纯金银的量，而与各种铸币的名称没有关系。比如说，爱德华一世时代6先令8便士的货币与现在1镑的货币，在我看来是同一个货币价格，因为据我所知，那时候的6先令8便士与现在的1镑差不多含有同等的纯银量。

第六章

论商品价格的组成部分

在资本累积和土地私有制尚未形成之前，人们似乎把获取各种物品所需要的劳动量之间的比例当作物品交换时的唯一标准。比如说，一般情况下，如果猎人捕杀一头海狸所需要的劳动是捕杀一头鹿所需劳动量的两倍，那么，一头海狸就可以换两头鹿。同理，耗费两天或者两小时劳动的生产物，其价值自然应该是耗费一天或者一小时劳动的生产物的两倍。

当然，对于两种不同的劳动而言，还要考虑到其艰苦程度的差异。较为艰苦的那项劳动一个小时的生产物，往往可以换得相对轻松的劳动两个小时的生产物。

或者说，如果某种劳动要求从事者有非凡的技巧和能力，那么为了体现对这个劳动者的尊重，自然要给他的生产物定一个超越其劳动时间所应得的价值。由于这种技能一般须经过多年苦练才能获得，因此对生产物给予较高的价值，也等于是对劳动者在获得这种技能过程中耗费的劳动与时间给予合理报偿。在进步社会中，一般都会对比较特殊的艰苦工作和特别的劳动技能予以额外的奖励。在早期的未开化社会中，也可能有过这种做法。

在这种原始社会状态下，全部劳动所得都归劳动者自己所有。一种物品能够交换或者支配的劳动量，一般只取决于生产它所需要的劳动量。

一旦某些人手中积累起资本，便会将其投放到劳动者身上——提供原材料与生活资料给劳动者，让他们干活，以期通过售卖他们的劳动生产物或者借助他们在产品上的劳动附加值来获取利润。这些劳动生产物被用以交换后获得的货币、劳动或其他货物，除了足够支付工人工资以及原材料成本以外，还能有一部分剩余，这就是纯利润。也就是说，劳动者附加在原材料上的价值被分成了两个部分，一部分用于支付劳动者的工资，另一部分作为净利润用于报偿雇主垫付原材料和工资的全部资本。假如售卖劳动生产物的所得没有超过雇主投入的资本，他便不会产生雇用工人的想法；并且，除非他所得的利润能和所投入的资本保持相当的比例，否则他就不会有兴趣进行大额投资而只会进行小额的投资。

或许有人认为，资本的利润也可看作一种特别劳动工资，也就是一种监督指挥工作的劳动报酬。然而利润与工资是完全不同的，它们由两个截然不同的原则所支配，而且资本的利润并不与监督指挥这种劳动的数量、强度与技巧成比例。利润完全受所投资本的价值支配，利润的多少与资本的大小恰成比例。假设某个地方的制造业年平均利润普遍为10%，这里的两个制造厂分别雇用了20名工人，按每人年工资15镑计，则两厂每年各需支付工资300镑。其中一个厂使用的原材料较粗糙，每年的资金投入为700镑，另一个厂的原材料则较精细，投入为7000镑。那么，前者每年投入的资本合起来不过1000镑，而后者却高达7300镑。最终，按照假设，前一个企业家每年可得100镑的利润，后者却能得到730镑的利润。他们的利润虽然差别极大，但他们投入的监督指挥却基本上并无二致。许多大工厂都将这种监管工作交由一个主管负责。主管的工资正确地反映了监督指挥这种劳动的价值。这个主管的工资，由他的劳动、技巧，还有他肩负的责任共同决定，雇主会综合这些因素考虑，但他工资的多少与其管理监督的资本大小并不成比例。而企业家几乎没有参与任何劳动，却有希望得到与其资本保持一定比例的利润。所以，作为所有商品价格的一个组成部分，资本利润完全不同于劳动工资，并且二者完全受不同原则的支配。

在这种情况下，劳动的全部生产物不再完全归劳动者所有，而要和他们的雇主分享。而且，任何一种商品所能交换、支配或购买的劳动量都不再由生产这种商品耗费的劳动量单独决定，还有另外一个因素，那就是为支付劳动工资和提供劳动材料而投入的资本。

一个国家的土地一旦完全为私人所有，那么其拥有者，也就是地主，便会想到通过出租土地的方式不劳而获。森林里的树木、田野上的草、大地上种种自然果实，在土地公有制时代只需劳动者出力去采集便可，而现在却被追加了一部分额外的价格。劳动者必须为获得这些自然产物的采集权而付出一定的代价，必须把他生产或采集的产物的一部分交给地主。上交的这一部分产物或者这一部分产物的价值，构成了地租。这样，大部分商品的价格又有了第三个组成部分。

必须指出，商品价格的这三个组成部分各自的真实价值，由它们各自所能购买或支配的劳动量来衡量。在价格的三个构成部分中，不单是劳动所占的那部分价值要用劳动来衡量，地租和利润这两个部分的价值也要用劳动来衡量。

在任何一个社会，商品价格最终都要被分解成这三个部分中的一个或多个。在进步社会，这三者则或多或少地都参与了绝大部分商品价格的构成。

试以谷物价格为例来剖析。其中一部分支付地主的地租，一部分支付劳动者的工资及耕畜的畜养费和农具的维持费，还有一部分是农场主的利润。这三个部分直接或最终构成了谷物的全部价格。或许有人认为，耕畜和农具的消耗应该作为农场主资本的补充而被划分成谷物价格的第四个组成部分，但需注意，一切农具和耕畜的价格，本身还是由上述那三个部分构成。就耕马的价格而言，也是由饲养马匹的土地租金、养马人的工资、农场主支付地租和工资的资本利润构成。因此，尽管谷物价格的其中一部分须用来支付耕马的消耗及维持费，其全部价格也还是直接或最终由地租、劳动和利润这三个部分构成。

与谷物价格相同，亚麻价格也分为三个组成部分。麻布生产离不开理麻工、纺工、织工、漂白工等人的劳动，而这些工人各自的雇主分别投入了一定量的资本，因此，麻布的价格中包括这种种劳动的工资和各种资本的利润。

有少数商品的价格构成只有劳动工资及资本利润两个部分，更有甚者，只有劳动工资这一个部分，即使是最进步的社会也存在着这种情况。例如，海鱼的价格通常由两部分组成，一部分支付渔夫的劳动，另一部分支付渔业资本的利润。海鱼的价格构成中极少会有地租，对于这一点我会在以后解释。河上渔业的情况与海上渔业截然不同，至少就欧洲大部分地区而言是这样。在欧洲，绝大多数鲑鱼业都要支付地租。虽然从严格意义上说不能称之为土地地租，但它确实和工资、利润一起构成了鲑鱼价格的组成部分，这一点毋庸质疑。在苏格兰某些地方，有少数穷人从海滩上收集一种被称为苏格兰玛瑙的彩色石块卖给雕石工人，这时石块的价格就只是他们的劳动工资，既不包含地租，也不包含利润。

总而言之，不论是什么商品，其价格最终必由那三个部分中的一个或多个构成。除去土地的地租和商品生产制造及运输过程的全部劳动的价格，商品价格中剩余的那部分就是全部利润。

任何一个依靠自身资源获取收入的人，仰仗的必定都是自己的劳动、资本或土地。通过劳动获得的收入叫作工资，通过资本运作获得的收入叫作利润。有资本自己不用，转借给他人，以此获取的收入叫作货币的利息或使用金。借款人依靠放款人而得到了获取利润的机会，于是就付给利息作为报酬。借款人承担了投资风险，付出了劳动，所得利润的一部分当然归他所有。而放款人给了他获取利润的机会，利润的另外一部分自然也该归放款人。利息永远是一种派生的收入，借款人偿还利息，要么是靠借款赚得利润的一部分，要么是靠自己的其他收入，只要他不是个拿新债还旧债的浪荡子。完全依靠土地获得的收入叫作地租，归地主所有。

某个拥有土地的乡绅，自己耕种一部分土地，自己支付耕作费用，那么他自然既可以以地主的资格收取地租，又可以以农场主的资格获取资本利润。可是，他最后往往会把这全部所得统称为利润，这样一来，地租和利润就被混淆了。我国在北美和西印度殖民地的那些种植园主，大多都这样经营自己的土地，因此，极少听到他们谈起种植园的地租，反而常常听到他们说起种植园的利润。

在文明国家中，商品交换价值单由劳动构成的情况极其少见，大部分商品的交换价值还包含了大量的利润和地租，因此，社会全部劳动年产物所能购买或支配的劳动量，总是远远超过年产物生产制造和运输所需的劳动量。假如每年社会所能购买的劳动量全部都能被雇用，那么劳动量年年都会大幅增加，因此后一年总会创造出比前一年更大价值的劳动生产物。可惜，无论哪个国家都不可能将全部年产物投放到劳动阶层身上，其中必有一大部分被游手好闲者消费。所以，一个国家年产物的平均或一般价值是逐年递增、逐年递减，还是不增不减，就要看这个国家每年是以什么样的比例在这两个阶层的民众中间分配劳动年产物。

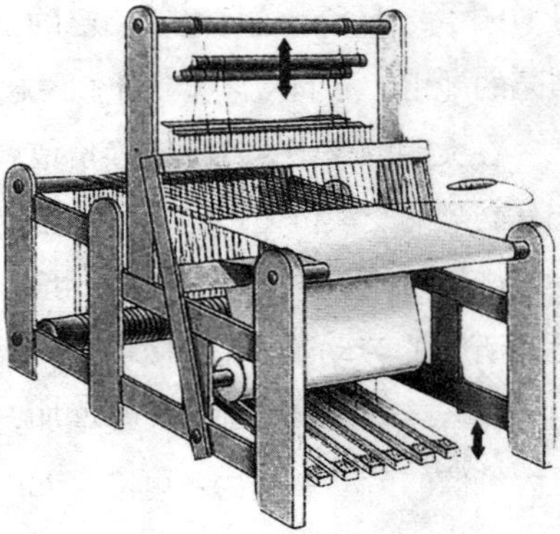

一架简易织布机，正是由雇主投入资本才会由工人使用的。

第七章
论商品的自然价格与市场价格

在每一个社会和它的邻近区域，各种劳动领域的工资以及各投资领域的利润都存在着一个普通率或平均率。这普通率如同我在后面将要说明的那样，一部分是由土地所在的社会及其邻近区域的一般情况决定，一部分由土地的肥沃程度和改良程度决定。

我们可以把这种普通率或平均率称为当地在某一时期通行的工资自然率、利润自然率或地租自然率。如果一种商品的价格恰好和它在生产制造和运输过程中按照自然率支付的地租、工资和利润相等，那么，这种商品就可以被认为是按照自然价格出售的。

这种商品的售价恰好和其价值相等，或者说，它恰好把商品贩卖者所花的全部实际费用抵消掉。虽然我们习惯上所说的商品原始成本不包含商人的利润，但假如商人不能以符合当地一般利润率的价格把这商品卖掉的话，就等于蒙受了损失。这是因为，他完全可以把资本转投到其他方面，从而得到那笔利润。再者，他的利润就是他的收入，也就是他生活资料的正当来源。他在商品制造、运输的过程中，既要提前支付劳动者的工资或生活资料，又要提前支付自身的生活资料。他自身生活资料的价值，与他贩卖商品所能获得的利润是大致相等的。因此，如若贩卖商品不能获利，就等于没从商品出售中收回自己全部的实际花费。

商品的售价虽然未必是其最低价格，但是必须足以为商人提供这种利润，在相当长的时期内，只有超过这个价格，商人才肯将商品卖掉，至少在有绝对自由、各人能随意更换职业的地方是这样一种情形。

我们通常把商品售出时的实际价格称为它的市场价格。商品的市场价格有时比自然价格高，有时比自然价格低，有时二者恰好相等。

每件商品的市场价格都受其实际供应量和愿意支付它的自然价格（或者说愿意为它在出售之前已经支付的地租、工资和利润埋单）的人的需求量之间的比例的影响。我们把愿意支付商品自然价格的人称为有效需求者，把他们的需求称为有效需求。因为，正是有了这种需求，商品的出售才能得以实现。有效需求不同于绝对需求。从某种意义上讲，一个贫民或许有拥有一辆六马大车的需求，但他的这种需求并非有效需求，因为这种马车绝不是为满足他这样的需要而出售。

如果市场上某种商品的供应量小于它的有效需求量，那么愿意支付商品自然价格的人就得不到他们所需数量的供给，而他们当中的某些人宁愿支付较高的价格，也要得到这种商品，于是便在需求者之间产生了竞争，市场价格也自然而然地升到了自然价格之上。价格上升的幅度由商品的缺乏程度、竞争者的富有程度和奢侈程度以及由此引发的竞争激烈程度决定。对于富有程度和奢侈程度相同的竞争者来说，竞争的激烈程度则要看商品对于需求者的重要性。因此，在大封锁时期或是在饥荒年代，生活必需品的价格总是出奇昂贵。

反过来，如果市场上某种商品的供应量大于它的有效需求量，这时商品就无法全部出售给愿意支付商品自然价格的人，其中一部分必须降价出售。这样一来，必然导致商品的整体价格随之跌落。于是，商品的市场价格便或多或少地低于自然价格。价格下降的幅度，由超出需求的那部分商品引起的卖方竞争的激烈程度决定，或者说，由卖方出售商品的急切程度而定。在超出需求程度相同的条件下，容易腐败的商品比耐久性商品更能引起卖方的竞争。比如，柑橘的供应量过大就比老式铁器的供应量过大更能引起卖方的竞争。

对于某些行业，每年投入等量的劳动，生产的商品数量却大不相同，而在另外一些行业，却几乎年年不变。例如，同等数量的农民每一年生产出的谷物、葡萄酒、油、啤酒花的量往往都不相同；但同等数量的纺织工每年生产的麻布和呢绒量几乎是不变的。就前一种产业而言，与有效需求相适应的是该产业的平均产量。由于实际产量与平均产量相比不是过大就是过小，所以市场上商品量有时大大超出有效需求量，有时远远满足不了有效需求。即使有效需求量始终保持不变，商品的市场价格也免不了发生变动——时而高于自然价格，时而低于自然价格。就后一种产业而言，由于等量劳动的年产量大体不变，因此，产量便能更加恰当地和有效需求相适应。在有效需求保持不变时，商品市场价格也就能保持稳定，完全等同或几乎等同于自然价格。大家仅从经验便能得知，麻布和呢绒的价格不会像谷价那样有大幅的或经常性的变动。这就是因为前者的价格只随需求的变化而波动；而后者的价格则不仅受需求量的影响，还受市场上同种商品量大幅的或经常性的变动的影响。

商品市场价格出现偶然和暂时性的波动，主要影响其价格中的工资部分和利润部分，而地租部分所受影响则不是很大。至于那些已经被规定为一定量货币的地租，无论其比率还是价值，都不会受商品市场价格的影响。按产物数量的一定比例来计算的地租，则无疑只会在价值上而不会在比率上受商品市场价格的影响。地主在出租土地，决定地租的时候，都会竭尽所能地使地租与生产物的平均价格，而不是临时价格相适应。

这些偶然和暂时性的波动对工资或利润的比率产生影响是大还是小，要看当时积存的商品或者劳动在市场上是过多还是不足。换句话说，要看当时市场上是既成商品过多或不足，还是半成品过多或不足。每逢国丧期，市场的黑布存货都显得不足，因此，黑布价格会大幅上涨，持有大量黑布的商人的利润便会增加。然而，仅仅是商人的利润增加而已，织布工人的工资丝毫没有提升。因为这时市场上是商品不足，而不是劳动不足。换言之，是既成作业不足，而不是待成作业不足。不过，织工们的工资虽然不受影响，缝纫工们的工资却提升了。因为，在这种情况下，市场上的劳动不足，市场对劳动，或者说对待成作业的有效需求大于现有供应量。国丧还导致了彩绸和白棉布的价格降低，从而致使持有大量彩绸和白棉布的商人的利润减少，参与这些商品制造和运输的劳动者的工资也会降低。因为在这种情况下，在半年甚至是一年之内，对于这些商品和生产这些商品的劳动者的需求都会中止。也就是说，这类商品和这类劳动的供给都大过了需求。

虽然各种商品的市场价格都在不断地向其自然价格靠拢，但有时由于某种特殊的意外或是天然的原因，抑或是碍于特殊的政策，某些商品的市场价格可能在很长时间内远超过其自然价格。

因为有效需求增加，致使某一商品的市场价格远高于自然价格时，这种产品的制造商们大都会刻意地隐瞒这种变化。因为一旦别的商人获悉了这个情况，巨额利润势必会使他们趋之若鹜，竞争者就会大大增多。这样一来，有效需求得到了充分的供给，商品的市场价格很快就会降到与自然价格持平，甚至是低于自然价格。如果制造商们距市场很远，他们有时就能保密数年，独享非常丰厚的利润。但是，必须得承认，这种秘密很难长久保守，而独享利润也只能是秘密未公开以前的事。

在这方面，制造业往往比商业更能长久地保守秘密。假如一个染工发现了某种制造染料的方法可以节省近一半的成本，而他本人又处事谨慎，他就能够终生独享这份利益，甚至能够传给子孙后代。这种额外收益来自他个人劳动的高价格，所以在某种程度上可以说是他个人劳动的高工资，但因为他每投入一部分资本就可以得到多一份收益，也就是说他的收益总额与其资本总额保有一定比例，所以，通常我们都不把这份收益称为劳动的高工资，而是将它称为资本的额外利润。

赋予个人或商业公司垄断权力，和商业、制造业中的保守秘密，能起到相同的作用。垄断导致市场经常存货不足，因而有效需求永远不能得到充分供给。如此一来，商品的市场价格就能远远超过自然价格，而垄断者的个人收益不论是工资抑或利润，都会大大地高于自然率。

垄断价格历来都是可能得到的最高价格。反之，自然价格或自由竞争的价格，即使在相当长的时期内也是可能得到的最低价格。垄断价格在各个时期都是能向买者榨取的最高价格，或者也可以认为是买者愿意支付的最高价格；而自然价格或自由竞争的价格，却是商人所能接受的最低价格，也就是他得以维持营生的最低价格。

同业联盟的排外特权、学徒法规，以及限制特殊职业中竞争人数的各种法规，虽然不及垄断的程度深，但却与垄断有着相同的趋向。或者可以说它们是一种扩大了的垄断，因为它们能使某些行业的产品的市场价格长久地高于自然价格，并使从事该行业的劳动者的工资和其投入该行业的资本利润长久地高于自然率。

这种市场价格的上涨，明显是由各种法规的约束造成的。只要这些法规继续有效，这种情况就会继续存在。

学徒法规与其他各种制度虽然能在制造业兴盛时期把劳动工资提升到自然率以上，但一旦制造业衰落，却会使劳动者的工资降落到自然率以下。因为，这些法规既能阻止外人进入他们的职业圈，也会妨碍他们从事其他职业。事实上，这些法规在提升劳动工资方面的效力更长期，在降低劳动工资方面的作用则不那么持久。这些法规的前一种作用可能持续好几个世纪，后一种作用则在那些于产业兴盛时期接受过职业培训的劳动者死去之后便失去意义。离世的这些人自会被新晋接受这一职业培训的人替代，劳动者人数依然会自动与有效需求相适应。如果像古印度和古埃及那样，依据宗教规定，每个人都有义务承继父业，随意变更职业便是重大的渎神之罪，那么，无论是什么职业，其劳动者的工资或资本利润都可能一连几代低于自然率的水平。

关于商品的市场价格和自然价格的短暂的或者永久的差异，我想我要说的就是这些了。

随着地租、工资和利润这些构成价格因素的自然率的变动，自然价格也就随之波动。这种自然率在任何时候都会随着社会的贫富、进退或停滞而变化。在以下四章内，我将尽我所能，尽可能详尽地阐述这些变动的原因。

首先，我要尽力说明哪些情况很自然地决定工资率，而这些情况又是如何受到社会的贫富、进退或者停滞的影响的。

其次，我要尽力说明哪些情况很自然地决定利润率，而这些情况又是如何受到上述社会状况的变动的影响的。

再次，我要尽力说明哪些情况决定了下列要素的比例。虽然因为劳动及资本的用途的差异，货币工资和货币利润也不尽相同，但是，这些不同用途的货币工资和货币利润似乎都存在着一定的比例。就像后章将要说明的那样，这种比例一方面取决于资金用途的性质，但也受所在社会的法律和政策的影响。此外，这种比例虽受法律和政策的多方面影响，但似乎与所在社会贫富、进步退步或停滞等状况没什么关系。在这些不同社会状况中，这个比例总是保持不变，或基本保持不变。

最后，我要尽力说明哪些情况影响着土地地租，并支配着所有土地生产物的真实价格的升降。

第八章
论劳动工资

劳动的自然报酬或自然工资由劳动生产物构成。

在土地私有和资本累积尚未形成之前的原始社会状态下，全部的劳动生产物都归劳动者支配，既没有地主也没有雇主来分享他的劳动所得。

如果这种状态得以持续下去，那么伴随着分工所带来的劳动生产力的增大，劳动工资也会不断提升，但是所有商品的价格却会越来越低廉，这是因为生产它们所需的劳动量变小了。由于等量劳动所生产的各种商品自然而然地会发生相互交换，因此，在这种状态下，只需较少数量的劳动生产物就可以购买到各种商品。

尽管所有商品的价格事实上变得便宜了，但仅从表面上看，似乎某些物品的价值较以前有所上升，因为它可交换到比以前更多的其他物品。我们假设某种产业的劳动生产力比从前提高了一倍，即现在劳动一天的产量是从前的两倍，而其他大部分产业的劳动生产力提高了十倍，即现在劳动一天的产量是从前的十倍，如果交换二者一天的劳动生产物，则前者仅以原工作量的两倍就可以购得后者原工作量的十倍。这么看来，一定量，例如1磅重的前者，价值似乎提升为从前的五倍，但事实上它却比以前便宜了一半。因为虽说购买这1磅货物所需的其他货物量增加到了以前的五倍，但生产这1磅货物所需的劳动量却减少为从前的一半。也就是说，现在获取这种商品比从前容易了一倍。

土地私有和资本累积一出现，这种劳动者独享自己全部劳动生产物的原始状态便宣告结束了。也就是说，这种原始状态早在劳动生产力有显著提高以前已经不复存在了，因而，进一步深究此种状态对劳动报酬或者说劳动工资可能产生的影响就毫无意义了。

土地一旦私有化，地主就会从劳动者在土地上生产出或采集到的全部物品中分走一部分。因此，地主的地租便成为劳动者在土地上的全部劳动所得中第一个被扣除的项目。

一般的农民都不具备足以维持到农作物成熟时候的生活资料，往往需要雇用他们的农场主投入一定的资本用以满足日常生活的需要。如果农场主不能分享劳动者的生产物，不能在收回资本的同时得到相当的利润，他就不会愿意再雇用劳动者。因此，利润成了劳动者在土地上的全部劳动所得中第二个被扣除的项目。

不论在什么地方，劳动者的工资都由劳资双方订立的契约规定。就规定的工资数额来说，双方的想法刚好背道而驰——劳动者希望多多益善，雇主则希望越少越好；劳动者都想团结起来达到提高工资的目的，雇主却想联合起来降低工资。

在出现争议的情况下，我们不难预料劳资双方谁会占上风，谁能迫使对方接受自己提出的条件。由于雇主人数较少，比较容易联合。

另外，他们的联合不受法律禁止，而劳动者的联合却为法律所不容。很少有为了降低价格而联合的团体被议会的条令取缔，却有许多为提高劳动价格而联合的团体被取缔。而且，面对争议，雇主总比劳动者更能长久坚持。地主、农场主、制造业者和商人，即使一个工人都不雇，通常也能靠已拥有的资本维持生活一两年；而劳动者一旦失业，能维持生活一个星期的都不多见，一个月的更少，一年的则几乎没有。就长期观察看来，雇主对劳动者的需要程度和劳动者对雇主的需要程度大致相同，只不过雇主的需要不像劳动者那样迫切。

我们经常听闻工人的联合，而鲜少得知雇主的联合。可是，如果仅凭这个就认为雇主们确实很少联合，那就未免太天真、太不明真相了。雇主们随时随地都会保持一种秘而不宣的联合，以操控劳动工资，保证其不超过实际工资率。不论何时何地，破坏这种联合都是不厚道的行为，都会为同行所不齿。我们之所以没怎么听说过这种联合，是因为这种事情几乎是自然而然就发生了的，几乎没有谈论的必要。此外，雇主们为了把劳动工资降低到其实际工资率以下，有时也组织一些特别的联合。这种联合，在尚未采取行动之前往往不漏半点风声。一旦行动，劳动者虽然感到切肤之痛，却也无计可施，只能屈服，因此别的知情者很少。不过，工人们往往也会组织些防御性的联合来与雇主们的联合对抗。而且，有时即便雇主之间没有兴起什么联合，工人们为了提高劳动价格，也会自发地结合起来——有时是因为粮食涨价，有时是因为雇主从他们的劳动中扣除掉的利润过多。他们的联合，无论是防御性的还是攻击性的，往往都声势浩大、影响广泛。他们总是奔走呼号，甚至不惜采用暴力手段以求争议能够尽快解决。工人们为了绝处求生，不得不铤而走险，他们不想让自己饿死，就得胁迫雇主立即答应自己的要求。这时，雇主们也同样喧呼呐喊，请求政府援助，要求严厉执行取缔工人联合的法规。因此，工人很少能从这种群情激奋的联合暴动中得到他们想要的利益。他们的联合，有些因为政府的干涉，有些因为熬不过雇主，有些因为其中的多数劳动者为了眼前的生计而屈服，最终会瓦解，他们的领袖会首当其冲受到惩罚。

尽管雇主在与劳动者的争议中处于有利地位，但劳动工资有一定的标准，即使最低级劳动者的普通工资也不可能长期低于这个标准。

一个以出卖劳动为生的人，他的工资必须至少足够维持自己的生活。在大多数情况下，工资除了维持劳动者的日常生活之外，还须得有一点剩余，否则他就没法赡养家庭。据坎梯隆先生推测，由于妻子需要照料儿女，其劳动所得只够维持自己的需要，因此，一个最下层的劳动者至少须取得自身所需的生活费的两倍，才足够供养两个儿女。但就现实来看，几乎半数儿童都在未成年以前夭折。所以，即使是最贫穷的劳动者一般也想养育4个孩子，以便能有两个孩子成人。但据估计，4个孩子的扶养费约等于一个成年人的生活费。坎梯隆还说，一个健壮的奴隶，其劳动价值约为生活费的两倍，一个最下层劳动者的劳动价值，不可能比一个奴隶还要低。因此，我们至少能够肯定一点：即便是对最下层的普通劳动者来说，夫妇二人的劳动所得也必须稍稍超过维持他俩自身生活所需要的费用才足够赡养家庭。但是，这超出的部分究竟会占多大的比例、按照什么标准来确定，不是我现在想要研究的内容。

像织工和鞋匠这样的独立劳动者，除了购买供自用的原料、留足在商品售出之前的生活费用，如果还有剩余的资本，他自然就会想到拿这部分剩余资本请一个或多个帮工，以便自己从他们的劳动中获利。如果剩余额增加，他所雇帮工的数量也会随着增加。

因此，对那些以工资为生的劳动者的需求，必然会随着一个国家收入和资本的增加而增加。收入和资本没有增加，对以工资为生的劳动者的需求决不会增加。而收入和资本的增加，就意味着国民财富的增加。所以，对以工资为生的劳动者的需求，自然也会随着国民财富的增加而增加。国民财富不增加，对以工资为生的劳动者的需求也当然不会增加。

北美虽然赶不上英格兰富有，却比英格兰发展快，它在以更强劲的势头积聚着财富。一个国家的繁荣，最明显的标志就是居民人数的增加。英格兰乃至欧洲大多数国家，在过去的500年中居民数量增加了不到一倍，而北美英属各殖民地，在20~25年内居民量就增加了一倍。从目前来看，导致人口迅速增加的主要原因，不是新移民的涌入，而是人口的迅速繁殖。据说，当地的高寿者在有生之年往往就已经拥有了50、100甚至100个以上的直系子孙。由于劳动工资较高，子女众多不但没构成家庭负担，反而还带来了富裕。在脱离父母重新组建家庭以前，每个子女创造的劳动价值算起来都有100镑之多。一个带着四五个孩子的青年寡妇，在欧洲中层及下层社会中，很难找到第二任丈夫，但在北美，她的儿女们简直被视为一种潜在的财产，因而常常有男子向她求婚。子女成了结婚的最大诱因。因此，在北美，早婚一点都不足为奇。可是，尽管早婚已经致使人口有了很大的增加，北美当地却仍嫌劳动人手不足。与劳动量的增加相比，对劳动者需求的增加和维持劳动的资金的增加似乎要快得多。

即便一个国家非常富有，如果长期停滞不前，那里就不可能出现极高的工资。预定用来支付工资的资金、居民的收入和资本也许本身就数额巨大，但假使它一连数个世纪恒定不变，或几乎不变，那么整个国家这一年雇用的劳动者人数就完全可以满足下一年的需要，甚至还会出现剩余。既然不缺乏劳动者，雇主自然也不需要为获得劳动者而相互竞争。另外，劳动者的数量大于社会的需要量，就业机会常显不足，于是劳动者为了要获得工作不得不互相竞争。假如原本该国劳动者的工资足以供养家庭，并且另外还有剩余，可是劳动者互相竞争，雇主们受利益驱使，不久就会把劳动者的工资降到一般人道标准的最低程度。中国素来是世界上最富有的国家之一，土地肥沃，耕作精细，居民众多而且勤劳。但是，中国似乎长久以来都处于停滞状态。当今的旅行家报告的关于中国耕作劳动及人口密度的情况，与500年前游历该国的马可·波罗记述的几乎完全一致。也许早在马可·波罗到访之前，中国就已经达到了在该国法律制度限制下的最大程度的富裕。虽然各个旅行家的记述有不少相互矛盾的地方，但有一点是绝对一致的，那就是中国劳动工资低廉，劳动者的收入普遍难以维持家庭用度。中国的农民终日辛苦劳作，只要得到的报酬能够买些谷米，他们就知足了。技术工人的境遇就更糟糕了。欧洲的技工总是优哉游哉地在自己的作坊内等候着顾客上门，中国的技工却要随身携带着劳动工具在街市上不停地来回奔走，以求被雇佣。中国下层人民的贫困程度，远远超过了欧洲最贫穷国家民众的贫困程度。据说，在广州附近，成百上千的家庭没有固定的陆上居所，不得不栖身于河上的小渔船中。

不过，中国虽处于停滞状态，但毕竟还没有出现倒退。没听说过那里有被居民遗弃的城市和开垦后又被荒芜下来的耕地；每年被雇佣的劳动力都保持不变，或几乎不变；预定用于维持劳动的资金也自然没有减少。所以，最下层的劳动者虽然生活资料匮乏，但还能勉强糊口度日，劳动阶层的人数也可以得到保持。

而那些预定用于维持劳动的资金大幅减少的国家，情况就大不一样了。每年各层次的职业对劳动者的需要量都少于前一年，许多在自己原本的上层职业中谋不到出路的人不得不在下层的职业中找工作。最下层的职业固有的劳动者本来就已经超过需要了，现在又涌入了大量别的阶层的劳动者来，结果，竞争越来越激烈，就会导致劳动工资降低到一个极惨的标准。即便甘于忍受这些苛刻条件，还是有许多人找不到工作。这些人不是饿死，就是沦为乞丐，再不然也许就只有干些伤天害理的龌龊勾当才能谋取到生活资料。穷困、饥饿和死亡等灾祸先在最下层劳动者中间泛滥，接着便殃及所有的上等阶层，最终，国内的居民减少到经过灾难、苛政、暴乱的蚕食之后仅存的那些资本和收入能够维持的人数。在东印度的孟加拉以及其他一些英属殖民地，现状几乎就是如此。一个国家土地肥沃，那么人口大量减少之后，劳动者获取生活资料应该并不十分困难，可是如果每年仍旧有三四十万人饿死，那就可以断定，该国预定用于维持最贫困劳动者生活的资金正在迅速减少。北美和东印度两地的不同情况，将英国遵循不同主张——对北美进行保护和治理，而对东印度施行压迫和管制——做法体现无遗。

因此，丰厚的劳动报酬既是国民财富增长的必然结果，又是国民财富增长的自然表征。与之相反，贫困劳动者生活资料匮乏是社会停滞不进的表征，如果劳动者食不果腹，则是社会迅速倒退的表征。

目前，大英国的普通劳动工资明显已经超过了劳动者供养家庭所需的数额。这一点无须通过推算劳动者供养家庭所需的最低工资这样烦琐却未必精确的方法来证明。有许多显著的迹像表明，大英国各地的劳动工资并非时时都以符合人道的最低工资为标准。

下等阶层生活水平的提高，于社会有利还是有弊呢？这个问题的答案显而易见。佣人、工人和各种劳动者始终在社会中占有最大比例，决不能把社会最大部分群体境遇的改善，视为对社会全体不利的事情。如果一个社会的绝大多数成员都处于穷困潦倒的境遇之中，那么这个社会绝对不可能繁荣昌盛。而且，向全体社会成员提供衣食住的人，能在满足他人日常需要的同时拿出一些劳动产物供自己享用，这才算公平。

如果劳动报酬丰厚，劳动者就能够改善他们的孩子的生活，因此就会有更多的子女能够成人，这样，人口的增殖限度就将扩大。应当指出，上述限度的扩大程度，也必然会和社会对劳动所需要的程度相符。如果劳动需求不断增加，劳动报酬必然会鼓励劳动者结婚和增殖，以促使人口不断增加，来满足劳动需求。无论何时，一旦劳动报酬不足以鼓励人口增殖，不久就会因为劳动者缺乏而导致劳动报酬提升。而如果劳动报酬过高，引起了人口过度增殖，不久就会因为劳动者过多而导致劳动报酬下降。前一种情况是市场上的劳动供给不足，后一种情况是市场上的劳动供给过剩，二者的结果都是迫使劳动价格回到与社会需求相适应的程度。因此，如同市场对商品的需求必然支配商品的生产一样，社会对人口的需求也必然支配人口的繁殖。繁殖过于缓慢，则加以促进；繁殖过于迅速，则加以抑制。世界各地，不论在北美，在欧洲，还是在中国，支配和决定人口增长状态的都是这种需求。这种需求在北美反映为人口迅速增加；在欧洲反映为人口缓慢增加；在中国则反映为人口不增不减。

对于所有产品远销外地的大制造业，与其说它们的产量取决于产地年度价格是高还是低，不如说取决于影响商品需求量的各种情况，取决于和平或战争，取决于能与之竞争的那些制造业的盛衰，取决于消费者的消费兴趣浓厚还是寡淡。此外，在物价低廉时期，有大量的额外产品也许并未被登记在册——脱离雇主的男子成为独立劳动者，妇女则回到父母家中，为自己和家庭成员缝制衣服；连独立劳动者也未必都制造售给大众的商品，而是被邻人雇请制造家庭用品。他们生产的产品很少会登记在公开记录上，而这些记录有时难免夸大其词。但是，商人与制造业者却往往依据这种片面的记录来妄断帝国的盛衰。

虽然劳动价格的变动与食物价格的变动并不一致，甚至还可能完全相反，但我们不能由此认为劳动价格不受食品价格的影响。劳动的货币价格必然受两种情况的支配：一是社会对劳动的需求；二是生活必需品与便利品的价格。社会对劳动的需求，就必须按照它是在增加、减少还是不增不减，向这些劳动者提供相应数量的生活必需品和便利品。而购买这个数量商品所需要的资金就决定了劳动的货币价格。所以，在食物价格较低的情况下，劳动的货币价格有时会很高，但在食物价格上涨而劳动需求保持不变的情况下，劳动的货币价格只会更高。

在物质突然极大丰富的年份，对劳动的需求量有所增加，因此劳动的货币价格上升；而在物质突然极为匮乏的年份，对劳动的需求量减少，因此劳动的货币价格下降。在物质突然极大丰富的年份，许多雇主手中的资金足够维持比上一年更多的劳动者，但他们的雇佣需求未必能够得到满足。因此，想要雇用更多劳动者的雇主就会相互竞争，这样就很自然地抬高了劳动的货币价格和真实价格。在物质突然极为匮乏的年份，情况正好相反。用来雇用劳动者的资金比前一年少了，因此有许多人失业。于是，为了获得职业，劳动者相互竞争起来，这自然会促使劳动的真实价格和货币价格降低。例如1740年这个大饥荒年份，许多人只要雇主管饭就愿意工作，而在以后的几个丰年里，雇用劳动者就变得困难了。

食品价格的上涨会使劳动的价格抬高，而在物价高涨的饥荒年份，社会对劳动的需求会相应减少，因而会使劳动的价格降低。反之，食品价格的下跌会使劳动的价格降低，但物价低廉的丰足年份，社会对劳动需求会相应增加，因而会使劳动的价格抬高。在食品价格波动不大的情况下，促使劳动价格升降的两种因素就会互相抵消。这也许就是各个地方劳动工资始终比食品价格更为持久稳定的一个重要原因。

劳动工资的提升必然会使商品价格组成中的工资部分成比例上

涨，这就会促使物价相应上升，进而导致国内外同类商品的消费成比例减少。但是，劳动工资的提升原因——也就是资本的增加——却会提高劳动生产力，使较少劳动所生产的产品有所增加。如果一个资本家雇用很多工人，为了使自己的利益不受损，一定会设法合理分配工人工作，尽可能生产更多的产品；出于同样的原因，他们也会去添置自己所知道的最好的机械设备。在某一特定工厂的劳动者中发生的事情，必然会因同一理由在社会的全体劳动者之中普及开来。劳动者的人数越多，他们的分工自然就越精细。有更多人致力于研究最适用个人操作的机械，这种机械就更会被发明出来。有了这些改良的机械，便能以比从前少得多的劳动生产同样多的物品。这样，拿生产商品所需的劳动量的减少去抵偿劳动价格的提升，就绰绰有余了。

第九章
论资本利润

和劳动工资一样，资本利润的增加或减少都取决于社会财富的增减。但社会财富对二者的影响却有很大的不同。

资本的增加，一方面使工资提高；另一方面又使利润减少。如有许多富商投资同一行业，那么他们的相互竞争自然会促使这一行业的利润减少。在同一社会中，如果各种行业的资本都这样增加了，那么这种竞争必然使所有行业的利润趋于减少。

即使是对某一特定地方在某一特定时间的劳动的平均工资，要给出一个具体的数字也不容易。而且，能确定的只不过是最普遍的工资。但就资本利润来说，就连最普遍的利润我们也很少能够确定。利润极不稳定，即使是经营某一特定行业的人也未必能够说出他每年的平均利润是多少。他的利润不仅要受所经营的商品的价格变动的影响，而且要受他的竞争者和消费者财务状况的好坏、商品在运输和贮存过程中可能遭遇的种种意外的影响。所以，利润率可以说是年年、日日，甚至每时每刻都在变动。要想找出一个大国各行各业的准确的平均利润，更是难上加难。想要精确地判定遥远的从前的利润，那就全然不可能了。

不过，虽然无法确定过去和当前的资本的平均利润，但从货币的利息上我们可以了解一个大概。可以这样说：在利用货币获得的利益更多的地方，通常会对使用货币支付较高的利息；在利用货币获得的利益较少的地方，通常会对使用货币支付较低的利息。由此我们断定，一个国家资本的一般利润，必然会随着市场一般利率的变动而变动。利率降低，利润也会降低；利率升高，利润自然也会随之升高。因此，我们可以根据利息的变动，大致了解到资本利润的变化。

亨利八世三十七年（1545年）曾颁布一道法令：一切利息不得超过本金的10%。可见，以前的利息有时可能高于10%。后来，笃信宗教的爱德华六世曾因宗教因素而禁止收取利息，但这一禁令据说和其他同样性质的禁令一样，没产生任何效果，高利贷的流弊有增无减。于是，伊丽莎白女王十三年（1570年）又再次重申了亨利八世的法令。此后，法定利率一直是10%；詹姆士一世二十一年（1623年），则把利率限定为8%。斯图亚特王朝复辟以后，利率再次降低，被定为6%。安妮女王十二年（1713年），又降至5%。所有这些法令的规定，看来都很合理。这些利率的调整，都是在市场利率变动之后做出的，也即利率随诚实守信的人通常借款的利率的变动而改变。安妮女王时代以后，5%的利率似乎高于市场利率。在最近的一次战争之前，政府只用3%的利率就拿到借款，在首都和其他许多地方，资金信用良好的人能以3.5%、4%、4.5%等利率拿到借款。

自亨利八世以来，国家财富与国民收入都在持续增加，而且这一增加的速度随着国家的发展似乎是越来越快。这期间，劳动者的工资也在不断增加，而同时，绝大多数工商业的资本利润却在不断减少。

与在乡村相比，在大城市经营某个行业就需要更多的资本。城市中各行业都投入了庞大的资本，而且参与竞争的富商众多，这就导致城市资本利润率普遍低于农村资本利润率。但是，城市的劳动工资通常要比农村高。在繁荣的城市，拥有大量资本的人往往不能如愿雇到自己所需要的劳动者，他们相互竞争的结果就是抬高劳动工资，并使资本利润降低。在偏僻地方，由于缺少充足资本来雇用全部劳动者，为了获得职业，劳动者必然互相竞争，这就会导致劳动工资降低，并使资本利润增加。

虽然苏格兰的法定利率和英格兰相同，但其市场利率却高于英格兰。该地资金信用良好的人，通常无法以少于5%的利率借款。爱丁堡的私立银行，对于随时可以部分兑现或全部兑现的期票，愿意支付4%的利息。而伦敦的私立银行，对于存进去的资金却不付任何利息。在苏格兰，几乎所有行业的经营所需的资本都要少于英格兰。因此，苏格兰的一般利润率要比英格兰略高些。

在本世纪中，法国的法定利率一般不受市场利率的影响。1720年，法定利率由5%降至2%。1724年，又提升到3.3%。1725年，再次提升为5%。1766年，在拉弗迪执政期间，又降低到4%。之后，执政的特雷神父又将利率恢复到5%。这种强行调整法定利率的做法，被认为是在为降低公债的利率做铺垫，这种目的也确实达到了。就目前而言，法国富裕程度赶不上英国。法国的法定利率低于英国，而市场利率却高于英国。这是因为在法国跟在其他国家一样，总有办法可以放心地钻法律空子。那些在英法两国进行商业活动的英国商人都说，法国的商业利润要高于英国。因此，不少英国人宁愿把资本投在轻视商业的法国，而不愿把资本投在重视商业的本国。法国的劳动工资较低，普通人一般较英国常人贫穷。从苏格兰到英格兰，你会看到两地平民在服饰和脸色上的差异，这一点，能够充分体现两地经济状况的差异。然而，你要是从法国到英国来，就会觉得这种差异更加明显。毫无疑问，目前法国比苏格兰富裕，但是它的发展速度似乎赶不上苏格兰。很多人认为，苏格兰正在退步，但我认为这种说法是没有根据的，就算对看上去更贫穷的法国也是不恰当的。假使你考察过二三十年前的苏格兰，再到现在的苏格兰看看，那就绝对不会有这样的想法。

而就领土面积与人口的比例而言，荷兰肯定要比英格兰富足。荷兰政府的借款利率是2%，当地那些资金信用良好的人的借款利率是3%。据说，荷兰的劳动工资高于英格兰。众所周知，荷兰商人所获取的利润在所有欧洲国家中是最低的。有人说，当今荷兰的商业已陷入衰退。诚然，就某些行业来说，这也许是事实。但前面所说的现象足以表明，荷兰的商业并未大面积衰退。利润减少了，商人们自然会抱怨，就会说商业衰退了；但事实并非如此，要知道，利润减少正是商业繁荣的结果，或者是投入资本加大的必然结果。在最近的英法战争中，荷兰人乘机巧取了法国的所有运输业务，而且时至今日，仍有一部分运输业务被荷兰人掌握。荷兰人控制的英法两国国债，也是他们的一宗巨大财富。据说，仅仅英国一家，债务就有4000万镑之多（我认为这一说法有点儿夸张）。此外，荷兰人还向利率较高的国家发放巨额贷款。这些状况，无疑表示他们的资本大量过剩，或者说，他们的资本大大增加，继续投在本国的相关行业已经无法获得与资本相当的利润。一个人由经营某个行业获得的资本，虽增加到了再投入该行业基本无利可图的程度，但该行业仍在继续发展。这种情况，在一个大国出现完全是有可能的。

英国北美殖民地和西印度殖民地的劳动工资、货币利息和资本利润，都要高于英格兰。那里的法定利率和市场利率通常在6%~8%的范围。不过，劳动高工资与资本高利润并存可能是新开发殖民地的特有现象，其他地方鲜见。在新开发的殖民地中，资本与领土面积之间的比例和人口对与资本之间的比例，在一个较长的时期内一定会低于大多数国家。他们的资本无法照顾到所有既得的能够耕作的土地，所以，便把有限的资本投在土壤最肥沃和地理位置最好的地区——大部分位于海滨和通航河流沿岸。另外，这些土地的售价低廉，远低于它们的实际价值。在购买和改良这些土地过程中投入的资本，自然能够获得巨大的利润，因此投资者有能力支付极高的利息。这种可获得丰厚利润的资本的快速累积，使农场主能够大量雇用劳动者，而新殖民的人口却无法充分满足这种需求。因此，这里被雇佣的劳动者就可能得到极高的酬劳。但是，随着殖民地经济的发展，资本的利润率就会逐渐降低。土壤最肥沃、位置最好的土地已经被充分利用，投在那些土壤不够肥沃、地理位置欠佳的土地上的资本所能取得的利润自然就减少了，因而也只能承受较低的利息。在本世纪中，我国大部分殖民地的法定利率和市场利率都因此大大降低。随着财富、人口的增长和劳动的改良，利息下降了，但劳动工资却没有随着资本利润的减少而下降。无论利润如何，对劳动的需求都会随着资本的增加而增长。利润减少了，资本不仅继续增加，而且还比原来增加得更快。勤劳的个人通过这种方式致富，勤劳的国家也是如此。大资本的利润虽低，却比高利润的小资本增加得更快。俗语说，钱生钱。一旦有了钱，再靠它去赚取更多的钱就不在话下。最难的是如何赚取最原始的起步资金。在上文，关于资本的增加和劳动的增加（对有用劳动的需求的增加）二者之间的关系，我已经做出了一些说明，在以后讨论资本累积的时候，我还会作更详尽的补充。

新领域的开拓或新行业的经营，可以提高资本利润，进而增加货币利息，即使在财富正在快速增加的国家也是如此。由于新开拓和新发展的行业很多，因而对自己需求很大，而有限的资本只可能投放到那些能提供最大利润的行业上。以前投入其他行业的资本肯定会撤回一部分，转投至更有利的新兴行业。所以，旧行业竞争的激烈程度就会较原先降低，而市场上相关商品的供给就会减少。而商品的减少，就会导致价格有所上升。相应地，商人获得的利润就会增加，他们所能支付的借款利率也会提升。在最近的那场战争（指英法七年战争。编者注）结束后，资金信用良好的个人以及伦敦的一些大型商号，通常以5%的利率借款。而在战前，他们支付的利息很少超过4%或4.5%。我国对北美和西印度的占领，增加了领土面积，促进了商业发展，这一事实就足以证明上述观点，大家完全不必担心我国的资财会减少。资本量不变，而新行业大量涌现，原来用于旧行业的资本量必然大大减少，结果，这些行业内部的竞争会因此缓和，利润也会有所增加。

社会资财不足，就会减少指定用于维持产业的资金，降低劳动工资，但同时能增大资本利润，提高货币利息。由于劳动工资降低，资本所有者将商品投向市场所需的费用就相应减少，又因为商品的售价比原来提高，这样一来，所费减少，所得增多，他们就能从两方面增加利润，因而能够支付较高的资本利息。在孟加拉和东印度的英属殖民地，能够迅速、轻易地获得巨大财富。这一事实足以证明，这些贫苦地方的极低的劳动工资与超高的资本利润同时并存。所以，这里的货币利息也是超高的。孟加拉的农场主常常以下一季的收获物作抵押，按照40%~60%的利息借入资金。农场主不得不拿出相当部分的地租和资本利润，用来支付这高额的利息。

法律完全禁止利息是绝对不可能奏效的。一方面，许多人必须借入资金；另一方面，对出借人来说，不仅对出借的资金本身提出合理的报酬要求，而且为了规避法律带来的困难和危险，还会另外提出相应的补偿要求。

最低的一般利润率，必须满足在补偿投资遭遇的意外损失以外还有剩余。这个剩余就是纯利润，或者说是净利润。人们通常所说的毛利润，不仅包含这种剩余，还包含着为补偿意外风险而准备的提留部分。借款人支付的利息仅仅与其净利润成比例。

借钱与人，即便再谨慎，也有可能蒙受意外损失。所以，最低的一般利率和最低的一般利润率一样，在去除为补偿借贷可能遭遇的意外损失的提留外，还必须有所剩余。如果没有这个剩余，那只能认为出借人是在施友情或者发善心了。

在极度富裕，而且各行各业所能容纳的资本都已达到极限的国家，普通资本纯利润率就会降到最低，这种利润条件下，普通市场利率也会降到最低。这样一来，除了豪商巨富，其他人都无法靠利息维持生活。小资产者和中等富裕人士，都不得不亲自打理自己资本。几乎所有人都必须亲自经营，去从事某项具体的产业。目前荷兰的现状，差不多就是这样。

最高的一般利润率也许是这样的：它将商品价格中应当归为地租的那部分也全部占去，只剩下恰够支付商品生产和运往市场过程中所需的劳动的最低工资，也就是仅够维持劳动者生存的工资。如果没有人养活劳动者，他们就没法工作，但地主就不一样了。东印度公司在孟加拉经营商业的利润，大概与这个最高率相差无几。

通常市场利率与一般纯利润率的比例必然随着利润的增减而变动。英国商人认为，利润两倍于利息是适中合理的。按我的理解，他们所说的适中合理的利润，就可以视为一般利润。在某个国度里，如果一般纯利润率为8%或10%，在经营业务过程中借用他人资金，拿出一半利润来支付利息，这应该是合理的。资本风险由借款人承担，出借人的资金在一定程度上就有了保障。在大多数行业，4%或5%的利润率已经足够补偿借款人所冒的风险，并且也足以报偿他在运用这笔资金时付出的劳苦。但在一般利润率过低或过高的国家，像这样的利息和纯利润的比例就不合适了。利润率过低时，不可能将利润的一半支付利息；而利润率过高时，则可以拿出一半以上利润来支付利息。

在财富增长迅速的国家，有许多商品的价格是以低利润来补偿高劳动工资，从而使得它们的商品可以与欠发达且劳动工资较低的其他国家的商品以同样的低价售出。

事实上，高利润比高工资更容易抬高商品价格。我国的商人和工厂主对于工资提升导致的物价提高和产品销量降低总是怨声载道，但对于高利润带来的更严重的恶果他们却缄口不言。也就是说，对于因自己得利而造成的恶果他们只字不提，对于因他人得利而造成的恶果他们就大发牢骚。

第二篇

论资产的性质、积累与使用

节俭能使社会资本增加，
奢侈会导致社会资本减少。

第一章
论资产的划分

如果一个人所拥有的资产只够维持他生活数日或数周，他便很少想从这笔资产中得到收入。在使用这些资产时，他将慎之又慎，同时还希望在用掉这些资产以前，能够通过自己的劳动获得一些东西用以补充。在此种情况下，他的收入全部是从他的劳动中获得的。各个国家的贫穷劳动者中有很大一部分所过的生活便是如此。

如果他的全部资产足以维持他生活数月或数年，他很自然地就会希望能通过这笔资产中的一大部分来取得收入，而只会留下一小部分用以维持尚未获得收入之前的消费。于是，他的全部资产被分成了两个部分。他希望能够通过它而获得收入的那一部分，称为资本。另一部分则保留下来以供消费之用，这一部分包括三种东西：原本为了此种目的而留有的部分资产；不论何种来源，逐渐取得的收入；用前两项的资产购买的至今没有用完的物品，如被褥、衣服和家具等。为了目前消费而留有的资产，或包含上述三项中一项，或两项，或三项都有。

有两种资本使用方法能够使投资者取得收入或利润。

第一种，使用资本进行生产、制造或购买产品，之后将产品售出，从而获得利润。这种方法使用的资本在掌握于所有者手中或者是保持原状的时候，是无法为投资者带来什么收入或利润的。商人的货物在尚未销售交换到货币之前，无法提供收入或利润；货币在尚未再一次支付出去并交换到商品之前也是如此。商人的资本不断以一种形态流出，又以另一种形态流入。而且，也只有通过这种流通和不断地交换，商人才得以赚得利润。因此，如此资本可称之为流动资本。

第二种，使用资本对土地进行改良，购买生产者所需要的机器或工具，或用于购买不用更换主人或不必再次流通就能产生利润的东西。因此，这样的资本可称之为固定资本。

行业不同，各自所必需的固定资本与流动资本之间的比例差异也很大。比如，商人的资本全部都是流动资本。他几乎没有使用机器或工具的必要，除非是将商店或客栈看成机器或工具。

手工业者和制造者的资本有一部分一定要投资于工具。然而，各个行业的这一部分的比例并不相同，有的很大，有的则很小。裁缝师傅除了一包针之外，便无须其他工具了。制鞋师傅的工具比较贵点，但贵得不是太多。与制鞋师傅相比，织布师傅的工具就贵得多了。但是，在这类手工业者的资本中有很大一部分均为流动资本，它们开始可能是以工人工资的形式流出，或者是以原材料的价格流出，而后又以产品的价格流入，这其中包含利润。

其他的行业所需要的固定资本就更多了。比如，一个规模比较大的铁厂，要修建必需的熔铁炉、锻冶场和截铁场，没有极大的资本是绝对不行的。如果要投资开采煤矿，那么购买所必需的排水机和其他各种机器所需要的资本就更多了。

对于农场主来说，购买农具的资本是固定的，维持工人和支付雇用工人的工资是流动的。他把前者保留在手中，同时又支付后者而取得利润。耕作的牲畜的价格或价值，与农具一样，可称为固定资本；饲养牲畜的花销与维持工人的花销一样，可称为流动资本。农场主通过将耕作的牲畜保留在手中、支付饲养牲畜的费用来取得利润。但如果饲养牲畜只是以出售为目的，而并不是用来耕种，那购买它的费用和饲养它的费用都应该划入流动资本。在这里，农场主通过出售牲畜而获得利润。在饲养牲畜的国家，如果购买的羊或牛并不是以耕种或贩卖为目的，而是从剪羊毛、挤奶和繁殖中获取利润，那这些牛羊就应当称为固定资本。在这里，获取利润的途径就是将它们保管在手中。维持它们的费用便是流动资本。在这里，获取利润的途径就是支付维持费。这一流动资本产生的利润和牲畜的所有价格提供的利润（羊毛价格、产乳价格和繁种价格）都会重新回到所有者手里。种子的全部价值也可称为固定资本。虽然种子在土地和谷仓之间来来回回，但并没有更换主人，因此并不算真正的流动。农场主获取的利润并不是来自出售种子，而是来自种子生产出来的产品。

一个国家、一个社会的总资产，便是它全体居民的资产，所以，很自然地，便被分成各自有其不同功用的三个部分。

第一部分是保留下来以供目前消费之用的，它的特点是不产生收入或创造利润。已经被消费者购买，但却并没有全部消费完的，食品、衣服和家具等物品均属于这一类。只供居住的国内房屋也为其中的一部分。投入房屋上的资产，如果该屋是所有者自己居住，那么，从那一时刻开始，它具有的资本作用便消失了。也就是说，它不能为房屋的所有者带来任何收入。这样的房屋，虽然对他很有用，就如同衣服和家具一样，但也如衣服和家具一样，不能产生收入。它属于费用的范畴，但却不属于收入。将房屋租赁给别人便能获取租金，但房屋自身却不能生产出任何东西，房客仍要从劳动、资本或土地中所取得的收入用以支付租金。所以，对于房屋的所有者来说，房屋为他提供了收入，因而具有资本的作用，但对于社会公众而言，它则不能提供收入，也不具备资本的作用。它根本不能使全体人民的收入有任何的增加。同样，衣服和家具有时也能提供收入，从而对某些人来说具有资本的作用。在化装舞会流行的地方，就有人以出租舞会所用的化装衣服为生，租期为一个晚上。家具商人出租家具则时常按月或按年，葬仪店出租葬仪品则常常按日、按星期。还有很多人出租提供家具的房屋，收取房租的同时还收取家具租金。总而言之，这种租借随处可见。但是，从出租上述物品中取得的收入，不管怎样，均来自其他的收入来源。除此之外，还要注意一点，无论是对个人来说，还是对社会来说，在保留下来以供目前消费之用的各种资产中，消费得最慢的要数投入房屋上的那一部分。衣服能穿好几年，家具也能用50年或100年，而建造坚固、保护完整的房屋，却能使用好几百年。房屋虽然会经过很长时间才会耗费掉，但它仍然是保留下来以供目前消费之用的资产，与衣服和家具没有什么差别。

第二部分便为固定资本。它的特点是不用于流通，也无须更换主人，便可产生收入或利润。这一部分主要包含四项：

一、所有能够为劳动提供便利和使劳动得以节省的机器和工具。二、所有能够提供利润的建筑物，像商店、客栈、工场、农屋、牲口棚和谷仓等。这类建筑物不但能够为出租房屋的所有者带来收入，而且也是承租的人取得收入的手段。这类建筑物不同于居住的房屋，它们应当被视为生产工具。三、通过开垦、排水、修筑围墙和施肥等，将土地变成更适于耕作的土地，并能创造利润。改良过的农场犹如用处很大的机器，能够为劳动提供便利，使劳动得以节省，让投资者在投入相同数量的流动资本的情况下得以获得更多的收入。改良机器和土地都能获得利润，然而机器却很容易受到磨损，改良过的土地却比较持久。农场主只需按照最有利于获利的方法投入必需的资本，几乎不用对土地进行管理。四、社会上全体民众所掌握的有用才能。要学习一种才能，就需要去学校，就要当学徒，支付高昂的费用。这样的花费似乎已经实现而且还在学习者的身上固定下来。这些才能，对于学习者自身而言，是他个人财产的一部分；对于他所属的社会而言，也是社会财产的一部分。工人熟练程度的加强，可与为劳动提供便利、使劳动得以节省的机器和工具一样被视为社会的固定资本。虽然学习的时候会花掉一笔费用，但这一费用能够得到偿还，并且还能产生利润。

第三部分是流动资本。它的特点是通过流通、更换主人而产生收入。它也包含四项：

一、货币。只有依靠货币，其他三项才能实现辗转流通，从而分配给真正的消费者。二、屠夫、牧畜家、农场主、谷商、酿酒商等人所拥有的食品，他们可以通过出售这些食品来取得利润。三、仍然留存在耕作者、制造者、布商、木材商、木匠和瓦匠等人手中，用于加工衣服、家具和房屋这三者的材料。不管这些材料是单纯的原材料还是半加工的材料，只要还没有制成衣服、家具或房屋，都属于这一项。四、已经制成的物品，但却仍然留存在制造者或商人的手里，并没有出售或分配给真正的消费者，例如锻冶店、木器店、金店、宝石店、瓷器店和其他陈列于各种商店柜台上的制成品。这样，流动资本便包括各种商人手中存留的食品、材料、制成品和货币。食品、材料和制成品的流转与分配都必须通过货币才能实现，否则就无法到达最后使用或消费它们的人的手中。

在上述四项中，食品、材料和制成品这三项通常会在一年之内（也可能更长或是更短）由流动资本变为固定资本，或是变为保留下来以供目前消费之用的资产。

固定资本均为流动资本转变而成，同时还要由流动资本不断地进行补充。生产中所有有用的机器和工具均来自流动资本，流动资本为制造机器提供材料，为维持制造机器的工人提供费用，为维修制成后的机器提供维修费。

如果没有流动资本，固定资本便无法产生任何收入。生产过程中所使用的材料、工人生存所需要的食物均来自流动资本。如果没有流动资本，哪怕是最有用的机器工具，也无法生产出一点东西。维持耕作和收获的工人，流动资本也不可或缺。如果没有流动资本，不管土地如何改良也不能产生任何收入。

固定资本与流动资本的目的一致，那就是不但要使保留下来以供目前消费之用的资产不会短缺，而且还能增加。民众的生计都依赖于这类资产。民众的贫富也是由这两类资产所产生的资产的多寡决定。

为了对社会上的固定资本和保留下来以供目前消费之用的资产进行补充，就需要持续不断地从流动资本中抽取很大一部分，这样的话，被抽取后的流动资本也需要不断地进行补充。如果得不到补充，流动资本过不了多长时间就会枯竭。对流动资本进行补充的资产主要来自土地产品、矿山产品和渔业产品。这三种资源源源不断地供给食品和材料。有了这种供应，从流动资产中抽出的食品、材料和制成品才得以有新补充。除此之外，金属是制造货币所必不可少的原料，因此，还要从矿山中开采制造货币所需要的金属，以使货币的生产能够得到维持和补充。在通常情况下，虽然货币无须从流动资本中抽取出来，以充当固定资本或保留下来以供目前消费之用的资产，但是货币和其他东西没有什么差别，它不免会受到磨损，也难免会被输往国外，因此，仍然需要不断地对之进行补充，只不过数量少一些罢了。

土地、矿山和渔业的经营均需固定资本和流动资本来支撑，其产品不但要补偿所投入的资本，而且还要创造利润，此外，还要补偿社会上所有其他的资本和利润。农民每年对制造者所消费的食品和材料进行补充，制造者则每年对农民所消费的工业品进行补充。这两个阶级虽然很少拿制造品与农产品进行直接交换，但交换情况每年都在他们之间发生。我们知道，农民所拥有的东西也就是谷物、牲畜、亚麻和羊毛，而他们所需要的则是衣服、家具和工具。购买谷物、牲畜、亚麻、羊毛的人，不一定就是出售衣服、家具和工具的人。所以农民都是先将天然产物换成货币，拿到货币之后，他就能随心所欲地购买他所需要的制造品。经营渔业和矿业所使用的资本，至少也有一部分是需要土地对之进行补充的。不管是从水里捕鱼，还是从地里采矿，土地上的产品都是必不可少的。

当土地、矿山和渔业的生产能力大小相同时，它们的产量便与投资额的大小与资金使用的优劣成比例。当资本额相等，投资方法又很得当时，它们的产量便与它们的自然生产能力的大小成比例。

在一切生活比较安稳的国家里，一个有常识的人是愿意用他的资产来追求眼前的享受或追求将来的利润的。如果是用于追求眼前的享受，那它就是保留下来以供目前消费之用的资产；如果是用于追求将来的利润，那么追求利润的途径无非是将资产留存在手中，或者是将资产投入某一行业或领域。在前者的情况中，它便为固定资本；在后者的情况中，它便为流动资本。在生命比较安全、财产也比较安全的情况下，一个人如果不将他能够随意使用的所有资产（不管这些资产是自己本来就有的还是借过来的）投入上述所说的用途上，我相信他肯定是疯了。

第二章

论资本的积累及生产性和非生产性劳动

投入劳动对象上并能增加其价值的劳动，称为生产性劳动；另一种劳动则不能增加其价值，称为非生产性劳动。前者能够生产价值，后者却不能。制造业工人的劳动通常会将维持自身生活所需要的价值和为雇主提供利润的价值，添加到所加工的原材料的价值上。相反，家仆的劳动却丝毫不能使价值有所增加。制造业工人的工资虽然是由雇主垫付的，但是实际上雇主毫无其他支出。制造业工人将劳动投入到劳动对象上，劳动对象的价值便随之增加。由此而增加的价值，一般能够补偿工资的价值，并能创造利润。而维持家仆的费用却无法收回。雇用众多工人能使人走向富裕，维持众多家仆却会使人陷入贫困。尽管如此，家仆的劳动和工人的劳动一样，也有它自身的价值，因此，应该获得报酬。不过，制造业工人的劳动能够固定下来，并且能够在某种劳动对象或可出售的商品上实现，能维持一段时间而不会立刻消失，就好像是将一部分劳动存储起来，到非用不可的时候再提取出来使用。那种劳动对象或者说是它的价值，在日后非用不可的时候，还能用来雇用劳动力，而这一劳动力的数量至少会等于原来为生产这种物品而投入的劳动数量。相反，家仆的劳动却无法固定下来，也无法在某种劳动对象或可出售的商品上实现。家仆的劳动在提供之后就会立刻消失，要将其价值存储起来，用以日后雇用相同数量的劳动力是很困难的。

某些社会上等阶层人士的劳动正如家仆的劳动一样，不生产价值，不能固定下来或在耐用的物品或可出售的商品上实现，而且也无法存储以供日后雇用相同数量的劳动力。上自君主，下自其官吏和海陆军，都属于不生产的劳动者。他们是人民的公仆，他们是依靠他人提供的一部分劳动年产品来维持生计的。他们的职务，无论多么高贵、多么有用、多么必要，但最终还是在提供之后就会立刻消失，无法保存起来以供日后取得同量的职务。他们的功劳当然不小，处理政务、保卫祖国，然而今年的政绩并不能买到明年的政绩，今年的安全并不能买到明年的安全。在这一类人中，当然包括各类职业，有些是很尊贵、很重要的，如牧师、律师、医师、文人；有些却可以说是最不重要的，如演员、歌手、舞蹈家。在这一类人的劳动中，就连最低级的劳动也具有一定的价值，支配这类劳动价值的原则就是支配其他一切劳动价值的原则。但在这类劳动中，即使是最尊贵的劳动，也无法生产出任何东西以供日后购买等量的劳动。演员的台词、雄辩家的演讲、音乐家的歌唱等，这类人的工作都是在提供之后就会立刻消失的。

生产性劳动者、非生产性劳动者和不劳动者，都依靠土地和劳动的年产品。不管生产品的数量多么庞大，都是有限的，而不是无穷的。因此，如果用来维持非生产性人力的比例越大，那么用来维持生产性人力的比例肯定就会越小，从而次年的生产品也肯定会越少。相反，如果用来维持非生产性人力的比例越小，那么用来维持生产性人力的比例肯定就会越大，从而次年生产品也肯定会越多。除去土地上的自然生成物，所有年产品都是生产性劳动的结果。

在任何一个国家，土地和劳动的年产品都被用于供国内居民消费、为国内居民提供收入，然而这些土地和劳动的年产品不管是产自土地还是由生产性劳动者生产出来的，都是一生产出来就很自然地被分成两个部分：一部分（这一部分所占的比例常常最大）是用于对资本进行补偿，对从资本中提取出来的食物、材料和制成品进行补充；其他的部分则不是以利润的形式充当资本所有者的收入，就是以地租的形式充当地主的收入。以土地生产品为例，一部分用于对农场主的资本进行补偿，其他的部分则不是用于支付利润而充当资本所有者的收入，就是用于支付地租而充当地主的收入。以大工厂的生产品为例，一部分是用于对厂商的资本进行补偿，其他的部分则用于支付利润而充当资本所有者的收入。

用于对资本进行补偿的那一部分年产品，只能直接用来维持生产性劳动者，从而也仅能支付生产性劳动的工资。其他的部分既然是以利润或地租的形式存在，所以既可用于维持生产性劳动者，也可用于维持非生产性劳动者。

每个将资产的一部分当作资本而投入的人都希望能够顺利收回资本，同时还能赚取利润。因此，他将这一资产仅用于雇用生产性劳动者。这项资产在投入过程中，先是对它的所有者发挥资本的作用，而后又充当生产性劳动者收入的一部分。而他用于维持非生产性劳动者的那一部分资产，则从开始使用时起就被从资本中提取出来，放进供目前消费之用的资产中。

无论是非生产性劳动者，还是不劳动者，都要依赖收入。这里所说的收入，可以分成两项：一项是原先在年产品中有一部分以地租或利润的形式划入这类人的收入中；一项是在年产品中还有一部分，原先是用于对资本进行补偿，用来雇用生产性劳动者的，然而当转移到得到它的人们手里后，除去被用于维持生产性劳动者所必需的生活资料的部分，其余的部分则不分种类地都被用于维持生产性劳动者、非生产性劳动者。例如，当工资待遇比较丰厚时，不仅大地主和富商，就连普通工人也经常雇用若干家仆。这样，他就将一部分收入用于维持非生产性劳动者。同时，他可能要缴纳一些税款。这个时候，虽然他所维持的那些人的地位尊贵得多了，但是他们仍然是非生产性的劳动者。

按照常理，原来被指定用于对资本进行补偿的那部分年产品，在还没有被用于雇用足够的生产性劳动者促进他们工作之前，绝不会被转移到充当维持非生产性劳动者的费用上。劳动者在尚未进行劳动得到工资之前，绝对不可能会将一部分工资用于维持非生产性劳动者。这一部分工资往往并不是太多，只是他节省出来的。对于生产性劳动者的情况而言，无论如何，节省出来的部分也不会太多。从赋税这一角度来说，由于他们这一阶层的人数众多，所以，虽然每个人所缴纳的税款很有限，但是整个阶层的人所缴纳的税款却很可观。不管在什么地方，非生产性劳动者所依靠的主要生活资源还是地租和利润。节省这两种收入是最容易不过了。它们的所有者可以将它们用于雇用生产性劳动者，也可以用于雇用非生产性劳动者。然而，总的来说，他们好像尤其喜欢将其用于后者。一般的大领主比较偏爱供养懒散而不愿参加劳动的人，而对供养勤劳的人则不太情愿。富商的资本虽然只被用于雇用勤劳的人，但是和大领主并没有什么区别，他的收入在大多数时候也是被用于维持非生产性的人们。

土地的自然生成物或经生产性劳动者之手所生产出来的年产品一

生产出来，便有一部分被指定充当对资本进行补偿的基金，还有一部分以地租或利润的形式充当收入。我们现在又了解到，无论在哪个国家，生产者与不生产者之间的比例，大都是由这两个部分之间的比例决定的。而且，在穷国和富国，这一比例又很不一样。

现在欧洲的各个富国，常常将很大一部分的土地生产品用于对独立富农的资本进行补偿，而将其余的部分用于支付其利润和地主的地租。然而在以前封建政府众多的时候，很小一部分的年产品就已足以补偿耕作的资本。这是因为在当时，耕作所需要的资本也就几头老牛老马而已，而其食物则是荒地上的天然产物，因此，也可以将它们看成天然产物的一部分。通常，这些荒地也是归地主所有，而由地主将其租借给土地耕作者。所以，只要是从土地上生产出来的产品，只要有剩余，便几乎尽归地主所有，而这些可以是土地的地租，也可以是毫无价值的资本利润。耕作者大部分为地主的仆人，其身家财产也都归地主所有。如果耕作者不是仆人，那他们就是能够随意退租的佃农。虽然他们所缴纳的地租常常在名义上与免役租并没有什么区别，实际上却依旧与全部土地生产品相等。而且，在和平年代，地主不管什么时候都能征用他们让其服劳役；在战争时代，他们又需要出去服兵役。虽然他们住的地方与地主家相距甚远，但是他们仍归地主所有，与居住在地主家里的家奴毫无差别。既然他们的劳役任凭地主支配，那么土地生产品自然也全部归地主所有。现在，欧洲的情况却不同往日。地租在全部土地生产品中所占的比例大多低于1/3，有时甚至还不及1/4，但是按照数量计算的话，改良土地的地租却在大多数时候已比以前多3倍或4倍；而今从年产品中提取出1/3或1/4与以前的全部年产品相比，似乎就多了3倍或4倍。在农业得以逐步发展的时代，地租的数目虽然在不断地增加，但是其与土地生产品之间的比例却日益减少。

对于欧洲的各个富国而言，现在规模巨大的资本都投在了商业和制造业。在古代，贸易量很少，制造业的设备比较简陋，所需的资本量极少，然而它们所提供的利润必然很大。因为古时的利率大都高于10%，它们的利润必然足以提供如此大的利息。现在，欧洲各个比较进步的国家的利率大多低于6%；最先进的国家的利率，有时低至4%、3%甚至2%。诚然，与穷国相比，富国所拥有的资本要多得多，因此，就从资本中所获得的利润而言，富国的居民也比穷国的居民要多得多。但是从利润与资本的比例来说，一般就会小得多。

富国用于对资本进行补偿的那一部分土地和劳动的年产品自然要比穷国大得多。不仅如此，与直接归入地租和利润的那一部分相比，其在年产品中所占的比例也必然会大得多。此外，富国雇用生产性劳动的基金自然也要比穷国的大得多。我们讲过，在一个国家的年产品中，除去用于雇用生产性劳动的基金那一部分，剩余的部分是用于雇用生产性劳动，抑或是用于雇用非生产性劳动，一般是用于后者。因此，富国用于雇用生产性劳动的资金在年产品中所占比例也比穷国的要大得多。

无论在哪个国家，那里的人民是勤劳或是懒惰都必然取决于这两种资金之间的比例。比起我们的祖先，我们更为勤劳。原因在于，与二三百年前相比，我们用于维持勤劳人民的资金比用于维待懒惰人民的资金大得多。由于我们的祖先没有从勤劳那里获得丰厚的奖赏，所以就变懒了。俗话说：劳而无功，不如戏而无益。工商业城市中的下层居民大都依赖于资本的运作，这些地方的居民大部分是勤劳、认真、生机勃勃的。英国和荷兰的大城市就是很好的例子。设立首都的地方，王公贵族大都聚集于此，下层居民主要依靠国家收入来维持生计，这些地方的居民大部分都是懒惰、堕落、贫苦的。罗马、凡尔赛、贡比涅和枫丹白露便是很好的例子。提到法国，除了里昂和波尔多这两个城市外，其他各议会城市的工商业都不值一提。由于一般下层人民主要依赖于法院工作人员的支出和到那里打官司的人所缴纳的诉讼费来维持生计，所以，这些人大部分都是懒惰、贫苦的。里昂和波尔多这两个城市由于地理位置的关系，商业比较发达。里昂是巴黎的门户，巴黎所需要的任何物品，不管是从外国输入的还是从沿海各地运来的，都必须经过里昂。波尔多则是加隆流域所产的葡萄酒出口的门户，这些地方的产酒量很大，在世界上很有名气，输出量也很大。如此优越的地理位置，自然能吸引更多资本投入这里。正是因为如此，这两个城市的工业才会欣欣向荣。其他各议会城市的情况就不一样了。人们仅仅为了维持其所在城市的消费而投入资本。换句话说，也就是投入资本的数目实际上很有限，一定不能超过他们所在的城市能够使用的限度。巴黎、马德里、维也纳的情况均是如此。在这三座城市中，最勤劳的莫过于巴黎人民了，然而巴黎自身便是本市所生产的制造品的主要销售市场，巴黎自身的消费便是所有营业的主要对象。既是王公贵族所居住的地方，又是重要的工商业城市；不但为了本市的消费而营业，而且也为外地和外国的消费而营业的城市，在欧洲，这样的城市也只有伦敦、里斯本和哥本哈根。这三个城市所处的地理位置交通便利，众多来自遥远地方的消费物品都将它们视为门户。但是我们知道，在王公所在的有大量收入用于消费的城市，下层人民并不希望资本的投入。这不比那些工商业大城市，下层人民维持生计都依赖于资本的运作。因此，如果不是只将资本用来供应本市的消费，而是把资本投入到王公所在地，想有效运用资本也许比较困难。大部分依赖国家收入的支出来维持生计的人都好吃懒做惯了，不免使一些本应勤恳做事的人受到影响。投资也是如此。在这些地方使用资本当然要比在其他地方所获得的收益更少。在英格兰和苏格兰没有合并以前，爱丁堡的工商业很落后。后来，苏格兰议会搬离了，王公贵族也不大可能住在那儿了，那里的工商业才逐渐发展起来。然而，由于苏格兰的大理院、税务机关等都还没有搬离，所以仍然有不少国家收入花费到那里。因此，从工商业方面来说，爱丁堡远远比不上格拉斯哥。格拉斯哥居民的生计大部分依赖于资本的运作。我们有时会看到，在制造业方面很有发展前途的大乡村的居民，往往会因为公侯贵族在里面居住而变得懒惰和贫穷。

节俭致使资本增加，奢侈浪费与任意而为致使资本减少。一个人从收入中节省多少，就能使资本增加多少。所有者可将这一增加的资本亲自投入到雇用更多的生产性劳动者中去，也可将其以一定的利息借贷给别人，使他能够雇用到更多生产性劳动者。个人的资本既然只能随着每年节省下来的收入或每年所获得的利润而增加，那么，由各个人所构成的社会资本也只能通过这一方法来实现增加。

节俭能直接引起资本增加，而勤劳则不能。不可否认，在尚未进行节俭之前，勤劳是必不可少的因素，节俭所积累的物品都是通过勤劳而获得的。但是如果仅有勤劳，而没有实行节俭，那么就只能获得却不能保留，资本肯定不能增加。

节俭能够使维持生产性劳动者的资金有所增加，从而使生产性劳动者的数目增加。既然生产性劳动者的劳动能够使工作对象的价值有所增加，那么，节俭也将具有使一个国家的土地和劳动的年产品的交换价值增加的趋势。节俭能够推动更多的勤劳，更多的勤劳则能增加年产品的价值。

与每年花费的资本一样，每年节省的资本常常会被消费掉，而且，二者被人消费掉的时间几乎是同一的。然而，消费它们的人就不一样了。富人每年支出的收入大部分是由懒散而不愿参加劳动的客人和仆人消费掉的，这些人在消费完之后并不留下什么东西充当报酬。

至于每年节省下来的为了获取利润而直接转化成资本的那一部分，也同样并且几乎是在同一时间被人消费掉，然而将其消费掉的人是劳动者、制造者和工匠。他们会再生产出他们每年所消费掉的价值，同时创造利润。现在假设富人的收入全为货币，如果他将货币全部花完，他利用所有收入所购买到的衣服、食品和住宅，就会分配给前一类人。如果为了获取利润而将节省的那一部分直接转化成资本，亲自投入使用或借给别人投入使用，那么，他用节省的这一部分所购买到的衣服、食品和住宅就将分配给后一类人。虽然消费是一样的，但消费者却并不一样。

节俭的人每年所节省的收入，不但可以用于今年或明年维持更多的生产性劳动者，而且，就如同一位工厂的创立者一样，他开办了一种永久性基金，这种基金在将来任何时候都能供养同等数量的生产性劳动者。这种基金将怎样分派，将被用在什么地方，固然没有法律对其进行保障，也不存在信托契约或永久营业证书对其进行规定，然而却有一个强大有力的原则保护它的安全，这一原则就是所有者个人之间的利害关系。如果将这种基金的任意一部分用在维持非生产性劳动者上，那么不根据原先指定的用途而随意使用该基金的人肯定会吃大亏。

奢侈浪费的人就是这样随意使用资本：不根据收入的多少来决定收入的限度，结果就导致资本一步步被占用。因用来雇用生产性劳动者的基金数量减少，通过这种基金而雇用的能使物品价值实现增加的劳动数量也会随之减少，因而，国家的土地和劳动的年生产品价值、国民的真实财富与收入也会随之减少。奢侈浪费的人将勤劳的人的面包抢过来以供养懒散而不愿参加劳动的人。如果另外一部分人的节俭无法补偿这一部分人的奢侈，那么奢侈浪费的人的所作所为不但会使自己陷入贫困的境地，而且将会致使全国陷入匮乏的境地。

即便奢侈浪费的人所消耗的商品全是国产的，没有用什么外国货，但是最终仍然会使社会的生产基金受到影响。每年总有一定数目的食品和衣服本应该用于维持生产性劳动者，但却被转移到用于维持非生产性劳动者上。因此，一个国家每年生产品的价值比本来应该有的价值要低的事情时有发生。

有人会说，这种花费既没有被用于购买外国货，也没有导致金银输往外国，因此，国内货币也不会由此而减少。但是，假设这一定数目的食品和衣服没有被非生产者消费掉，却被分配给了生产者，那他们就不但可以再生产出他们消费掉的所有价值，而且还能创造利润。这相同数目的货币将会仍旧留在国内，而又能再生产出一个与它价值相等的消费品，从而出现两个价值，而不仅仅是一个价值。

除此之外，年产品价值日益减少的国家肯定不可能留有这相同数目的货币。周转消费品是货币的唯一用处。只有通过货币，食品、材料和制成品才能实现交易，并分配给真正的消费者。一个国家每年能够通用的货币数量是由每年在境内流通的消费品的价值决定的。每年在国内流通的消费品，要么是国内土地和劳动的直接生产品，要么是用国内的生产品购入的物品。如果国内生产品的价值减少，那么每年在国内流通的消费品的价值也一定会减少，因而，国内每年能够通用的货币数量也必然会减少。由于生产品年年减少而被驱逐出国内流通领域之外的货币，肯定不能废弃不用。货币的所有者出于对利害关系的考虑，也肯定不愿让自己的货币闲置起来。如果在国内没有寻找到用途，他就会把法律和禁令抛在脑后，将其用于购买国内有用的各种消费物品而输往外国。每年的货币输出，致使国民每年所消费的数量多于本国年产品的价值。繁荣的时候积累的用来购买金银的年产品，在逆境中能让他们支撑一段时间。在这种情况下，与其说金银输出是导致社会穷困、经济衰败、人民生活极端困苦的原因，不如说就是因为社会穷困、经济衰败、人民生活极端困苦才会产生金银输出这样的结果。事实上，这种输出甚至还能暂时减轻社会穷困、经济衰败、人民生活极端困苦的痛苦状况。

反过来说，如果一个国家的年产品价值有所增加，那么其货币数量也肯定会实现增加。如果每年在国内流通的消费品价值有所增加，那么自然就会需要有更大的货币数量来支持流通。因此，必定就会有一部分增加的生产品散布到有金银的地方，以购买所增加的金银。在这种情况下，金银增加并不是导致社会繁荣的原因，而是由于社会繁荣而产生的结果。购买金银的条件在任何地方都一样。从矿山中挖掘出来，再运送到市场上去，一定数目的劳动或资本必不可少。投资于这种生意而劳动的人，衣、食、住的供给和收入也必不可少。而这一定数目的供给和收入便是购买金银的价格。在英格兰购买金银是如此，在秘鲁购买金银也是如此。只要需要金银的国家能有能力出这一价格，就不必担心所需的金银会长期缺乏，而用不着的金银也不会长期在国内停留。

所以，无论我们根据公道的说法，认为一个国家的真实财富与收入是由一个国家的劳动和土地的年产品的价值所构成的，或是依据世俗的偏见，认为一个国家的真实财富与收入是由国内流通的贵金属量所构成的，总而言之，奢侈都是全民公敌，节俭都是社会的恩人。

再说任意而为。任意而为的结果与奢侈毫无差别。所有不慎重的、毫无成功希望的农业、矿业、渔业、商业和工业计划，都会导致雇用生产性劳动者的基金呈现出减少的态势。投入这种计划上的资本也仅是被生产性劳动者消费，但是由于不慎重，他们所消费的价值并不能被充分地再生产出来，比起慎重的情形，总不免会引起社会上的生产资金减少。

好在对大国来说，个人的奢侈和任意而为并不会产生很大的影响。另一部分人的节俭慎重通常能够补偿奢侈和任意而为的人所消耗的那一部分，并且还有剩余。

提到奢侈，一个人之所以会浪费，自然是因为他自身存有及时享乐的欲望。这种欲望十分强烈，以至于有时几乎无法控制，但是通常来讲，这种欲望总是暂时、偶然的。再说节俭，一个人之所以会节俭，自然是因为他对改善自身状况存有愿望。尽管这种愿望很平淡无奇，但是我们从出生一直到死去，一刻也没有放弃过对这一愿望的追求。我们从出生到死去，几乎没有人会对自身的地位感到完全满意，没有人不想进步、不想改善自身的状况。但是如何改善呢？通常，人们都认为，最常见、最明显的必要手段就是增加财产。最恰当的增加财产的方法，莫过于从常年的收入或特殊的收入中节省出一部分，并将其储蓄起来。所以，尽管每个人都免不了会有浪费的欲望，并且有一类人无时无刻都存在这种欲望，但平均来说，在人类漫长的生命过程中，节俭的心理不但经常占有优势，而且还占有很大的优势。

国土辽阔、物产丰富的国家固然不会因私人的奢侈和任意而为而陷入贫困，但是政府的奢侈和任意而为，有时却能导致国家贫穷。在不少国家里，民众的收入全部或几乎全部都被用于维持非生产性劳动者。无论是朝廷中的王公大臣，还是教会里的牧师和神父，都属于这一类。又比如海陆军，他们在平时无须进行生产，在战争期间又无法收获什么来对维持他们的费用进行补偿，甚至在战争持续进行时，也是这样。由于这些人不进行生产，就只能依靠别人的劳动产品来维持生活。如果他们的人数增加，而且增加的数目又是别人的劳动产品难以承受的数目，那么他们就有可能会在某一年消费掉大量产品，这样就会导致没有足够的剩余用以维持能够进行再生产的生产性劳动者。

于是，下一年的再生产肯定赶不上上一年。如果这种情形持续紊乱下去，那第三年的再生产又肯定赶不上第二年。那些本来只应将国民的一部分剩余收入用以维持的非生产性劳动者，有可能会消费掉全体居民的收入中很大一部分，从而使这么多人不得不占用他们自己的资本，即维持生产性劳动的基金。那样的话，不管个人多么节俭、多么谨慎，都难以补偿如此大的浪费。

然而，从经验上来说，在大多数情况下，个人的节俭慎重不但能够补偿个人的奢侈和任意而为，而且还能补偿政府的浪费。社会财富、国民财富和私人财富能够得以产生的重要因素是每个人改善自身状况的共同的、经常的、不懈的努力。这种不懈努力的力量之强，足以战胜政府的浪费、纠正行政的重大错误，逐渐改善国家的困窘状况。比如，人间虽然存在疾病和庸医，但是人身上好像总是存在一种无法言说的力量，这种力量能够克服一切困难，使人的身体恢复如初。

有两个方法能够实现一个国家土地和劳动的年产品的价值的增加，一个是增加生产性劳动者的数目，一个是提升所雇用劳动者的生产能力。显然，要实现生产性劳动者的人数的增加，必须首先增加资本，使维持生产性劳动者的资金得以增加。要实现相同数目的受雇劳动者的生产力的提升，要么增加为劳动提供便利的、能够缩减劳动的机械和工具，或者对它们进行改良；要么就将工作分配得更恰当。不管怎样，增加资本都必不可少。要对机器进行改良，增加资本不可避免；要对工作分配进行改良，也免不了增加资本。如果将工作进一步细分，让每个工人专干一项工作，比起让一个工人同时干几项工作，肯定需要增加更多资本。因此，我们如果比较同一个国家在不同时代的状况，发现那里后代的土地和劳动的年产品比前代增多，土地耕作状况有所进步，工业的规模有所扩大并兴旺起来，贸易得到了推广，由此我们就可以得知，在这两个时代之间，这个国家的资本肯定增加了很多。这个国家由于一部分民众的节俭慎重而使资本增加的数目，一定比另一部分民众任意而为和政府的浪费而使资本受到占用的数目多。

与100年前查理二世复辟时相比，现在英格兰的土地和劳动的年产品必然是多得多了。固然现在怀疑英国年产品增加的人并不多，但是在这100年间，差不多每隔5年，便会有几本写得不错且能让人感动的书或小册子上市，这些书称英格兰的国家财富正急剧减少，人口正在锐减，同时还称那里农业倒退落后、工业凋敝、商业衰败。而且，这类书籍并不一定都是党派的宣传品、欺诈和见利忘义的产品。我知道，书中的不少内容是非常诚实、非常聪明的作家写的。这些人所描写的无不是他们自己所坚信的。

此外，与200年前伊丽莎白即位时相比，查理二世复辟时代英格兰的土地和劳动的年产品必定多得多了。与300年前约克与兰开斯特争胜时代末期（玫瑰战争时期。编者注）相比，伊丽莎白时代英格兰的年产品必定又多得多了。再往前推，约克与兰开斯特时代，当然胜过诺曼征服的时代；诺曼征服的时代，当然又超过撒克逊七王国统治的时代。在撒克逊七王国统治的时代，英国当然算不上是一个先进的国家，但是与尤利乌斯·恺撒侵略时代（这一时代，英格兰居民的状况与北美野蛮人相差无几）相比，又称得上是一大进步。

然而，在上面所提到各个时期中，在私人中存在不少浪费现象，政府也存在不少浪费现象，而且又发生了多次耗资巨大的、不必要的战争，原本用于维持生产者的年产品有许多被转移到了维持非生产性劳动者的身上。有时候，在国内战争激烈时，浪费严重，资本遭受的破坏不但会使财富的自然蓄积受到妨碍（事实上正是如此），而且会导致国家在这一时期陷入更加贫穷的境地。查理二世复辟之后，英国处于最幸福、最富裕的阶段，但是那个时候又发生了多少战乱和不幸的事件呢？如果我们生在那时，我们必定会对英格兰的前途感到担心，它不但会陷入贫穷，而且恐怕还会彻底毁灭吧！想想看，伦敦大火以后，就暴发了大规模的瘟疫，又加上英荷两次战争后的革命骚乱、对爱尔兰发动的战争，1688年、1702年、1742年和1756年与法国的四次耗资巨大的大规模战争，再加上1715年和1745年的两次叛乱。不说其他的，光从四次英法大战的结果来说，英国欠下的债务至少在1.45亿镑以上，加上因战争而产生的各种特殊支出，恐怕总额不下2亿镑。自从革命以来，我国就经常有这样多的年产品被用于维持众多的非生产性劳动者。假如当时没有发生战争，那么在当时用于战争的资本中，肯定会有很一大部分被用以雇用生产性劳动者。生产性劳动者不但能够再生产出他们消费掉的所有价值，而且还能创造利润，那么，可以想见我国土地和劳动的年产品的价值每年的增加，而且每一年的增加又一定能够使下一年的增加增多。如果当时没有发生战争，修建起来的房屋一定更多，改良过的土地面积一定更广阔，已经改良过的土地的耕作体系一定更完善，制造业的数量一定增多，已经存在的制造业又一定得到推广，而国民真实财富与收入将会如何增加，我们也许无法想象。

政府的浪费虽然无疑曾经阻碍了英格兰在财富和改良方面的自然发展，但是并不能使其停滞不前。与复辟时代相比，现在英格兰土地和劳动的年生产品增加了不少，与革命时代相比也增加了很多。英格兰每年用于耕作土地、维持农业劳动的资本，也必然比过去多得多。一方面，虽然政府强行征收各种苛捐杂税，残酷剥削人民；但是另一方面，却有不计其数的人在那里不动声色地、一步一步地通过不懈努力改善自己的境况，通过节俭和慎重的投资将资本累积起来。正是通过这种努力，英国得以受到法律的保护，能够在最有利的情况下自由地发展，英格兰也由此几乎在过去所有时代都能日渐富裕，状况日益改善。而且，永远如此持续下去，也不是没有希望的事情。但是，英格兰从来不存在极为节俭的政府，所以，居民身上也就不存在节俭的特性。由此可见，英格兰的王公大臣不仅不对自己的行为进行反省，反而颁布节俭法令，甚至禁止进口国外的奢侈品，公开倡议说要监督私人经济，节制挥霍无度，这不能不说是最放肆、最专横的行为。他们似乎并不清楚，他们自己无一例外都是社会上最浪费的阶层。他们管理好自己的开支就可以了，民众的开支应任由民众自己进行管理。如果他们的浪费不会导致国家灭亡，人民的浪费就更不可能导致国家灭亡。

节俭能使社会资本增加，奢侈会导致社会资本减少。所以，收支平衡的人，既不积累资本，也不占用资本，不会使资本增加，也不使资本减少。不过，我们应该明白，在各种各样的开支方法中，有些方法更易实现国家财富的增长。

个人的收入，有的被用于购买马上就能享用的物品，这种能够直接消费的物品，无益于未来；有的被用于购买比较耐用的、能够积累起来的物品，今日购买了，就能使明日的开支有所减少，或者增强明天的开支效果。例如，有些富翁有很多仆人和马匹，吃用均极为铺张。有些人则宁愿在饮食方面节俭一些，仆人的数量少些，却为了装饰庄园、修缮别墅、频繁地建造房屋，而购买很多有用的或专门用于装饰的家具、书籍和图画等。有些人愿意购买不太重要的东西，如珠宝、玩具和各种精巧的小东西。如同几年以前去世的某位国王的宠爱的大臣一样，还有一些人喜欢收藏好衣服。假设有甲乙两个富人，二人的财产相同，甲将他的大部分收入用于购买比较耐用的商品，乙则将他的大部分收入用于购买直接消费的物品。之后，甲的境况必然会逐步得到改善，今日的开支多少能增强明日的开支效果。乙的境况肯定不会比原来好到哪儿去。结果，甲一定比乙更富有。甲手里还有一些商品，虽然那些商品的价值没有当时所支出的费用多，但是多少总还有些价值。乙的费用却连个影子都没有，10年或20年浪费的结果便是一无所有，仿佛什么都没有拥有过。

有益于个人财富的消费方法，也比较有益于国民财富。富人的房子、家具和衣服瞬间就会变成对中下层人民有用的东西。当上层人士对它们感到厌烦的时候，中下层的人民便可以把它们购买过来，所以，在富人通常都是如此使用钱财时，所有人民的生活状况通常就能逐渐得到改善。在一个长期富有的国家，下层民众虽然不能自己出钱修建大厦，但却往往拥有大厦；虽然不能自己定做上等家具，但却往往使用着上等家具。昔日色莫尔的邸宅，如今已变成了巴斯道上的旅馆；詹姆士一世的婚床（它是皇后从丹麦带来的嫁妆）几年前已经被摆放在邓弗姆林的酒店。在一些没有进步也没有退步，或已经稍微有些败落的古城中，我们有时会发现几乎没有一幢房屋是现在的占有人所能盖起的。如果你走入里面，还能看到许多虽然很适用，也非常讲究，但却已经过时的家具。这些家具肯定不会是目前的使用者花钱定做的。皇宫别院、书籍图像和各式各样的珍奇物品，往往既是荣誉又是装饰，对其所在地和所属的国家均是如此。凡尔赛宫是法兰西的装饰和荣誉，斯陀园和威尔顿是英格兰的装饰和荣誉。虽然意大利创造名胜古迹的财富减少了，创造名胜古迹的天才（也许是因为无处施展才华）也好像消失了，但是那里的名胜古迹却仍然是意大利的装饰和荣誉。

将收入用于购买比较耐用的物品，不但对积累有利，而且又易于养成节俭的习惯。假使一个人在这一方面花销太大，他可能会幡然醒悟，而不会沦落到被社会人士讥笑讽刺的地步。如果原来有成群的仆人，突然人数裁减；如果原来经常大摆丰盛的筵席，现在的次数减少；如果原来陈列着的众多华丽物品数量突然减少，就不免引起邻居的注意，而且好像意味着自己承认以往的行为是不对的。所以，像这样花钱大手大脚的人，如果不是不得已而破产，就很少具备改变习惯的勇气。相反，如果他原先就喜欢将钱用于添置住宅、家具、书籍或图画，以后如果感觉自己的财力无力承受时，他很快就可以彻底改变这一习惯，人们也不会怀疑他改变的动机。因为这类物品此前已经购买过，不需要不断地购买。在别人眼里，他之所以会改变习性好像不是因为财力无力承受，而是因为对其失去兴趣。

把资产用在购买耐用物品上，所产生的维持费会比较多；把资产用在款待宾客上，所产生的维持费则略少。一个晚上的宴席，所消耗的粮食有二三百斤，其中也许有一半会被倒掉，浪费不能说不大。假设把宴会所用的开支用于雇用泥水匠、木匠、装潢工和技工等，那么虽然所消耗的粮食的价值是一样的，但是所供养的人数必然会增多。工人们会一便士一便士地、一镑一镑地购买这些粮食，绝对不会浪费1镑。一种消费方式用于维持生产性劳动者，能实现一个国家土地和劳动的年产品的交换价值的增加；一种消费方式用于维持非生产性劳动者，则不能实现一个国家土地和劳动的年产品的交换价值的增加。

读者不要以为把开支用在购买耐用物品上便是善行，把开支用在款待宾客上便是恶行。一个富人将他的收入主要用在款待宾客上时，也就是把收入的大部分分给朋友享用。如果他把上述资本用在购买耐用物品上，那么获利的便只有他一个人，如果不付出点代价，就不允许他人分享。因此，后一种的花费，尤其是用在购买珠宝、衣服等琐碎的物品上时，不仅表现出一种轻浮的行为，而且也表现出卑下自私的性格。我上面的所说的意思不过是，把资本用于耐用物品能够有助于有价值的商品的积累，所以应该鼓励私人的节俭习惯，这对社会资本的发展比较有利；因为所供养的是生产性劳动者而非非生产性劳动者，所以对国家财富的增长比较有利。

小型食品加工厂。节俭往往从个人的衣食住行开始，个人的节俭慎重不但能够补偿个人的奢侈和任意而为，而且还能补偿政府的浪费。

第三章

论资本的各种用途

所有资本虽然都仅仅为了维持生产性劳动，然而相同数量的资本所能推动的生产性劳动数量，却因用途不一样而迥然不同。因此相同数量的资本使一个国家土地和劳动的年产品所能增加的价值也有很大不同。

资本有四种不同的用途。第一，用于购买天然产物以供社会每年使用和消费；第二，用于制造和筹备天然产物，使之适用于目前的使用和消费；第三，用于运输天然产物或制造品，将其从充裕的地方运往匮乏的地方；第四，用于把天然产物分成较小的部分，以便满足需要者的临时需求。使用第一种资本方法的人是农场主、矿商和渔业家，使用第二种资本方法的人是制造商，使用第三种资本方法的人是批发商，使用第四种资本方法的人是零售商。我认为，这四种用法已经涵盖了所有的资本使用方法。

这四种投资方法之间的关系非常密切，每一个都不可或缺，即使独自存在，也难以实现发展。出于对全社会的福利考虑，这四种方法也是缺一不可。

一、假设没有资本投入到供应比较充裕的天然产物上，那制造业和商业恐怕都难以立足。

二、有一部分天然产物常常要经过加工制造之后才能得以使用或消费。假设没有资本投入到制造业上对它进行加工，那这种天然产物将因没有需求而不会被生产出来；或者如果这种天然产物是自然生长的，不具有任何交换价值，因此，不能使社会财富增加。

三、天然产物和制造品充裕的地方，必然要将其剩余部分运往其相对匮乏的地方，假设没有资本投入到运输业中，这种运输便无法实现。这样的话，除去本地所必需的部分，其生产量不会更多。批发商的资本能够使不同地区之间的剩余产品进行交换，这样就能既鼓励产业的发展，又能实现两个地区的享用增加。

四、假设没有资本投入到零售业中，把大量天然产物和制造品分成许多较小的部分，来满足需要者的临时需求，那么，每个人都只能购买大量的生活必需品，并且这一数量超出了目前所必需的量。假设社会上没有屠夫这一行业，每个人就只能一次购买一头牛或一只羊。这样做，即便是对富人来说，也很不方便，更不用说穷人了。一个贫穷的劳动者如果迫不得已一次购买了足以维持一个月或半年的粮食，那么他的资本中肯定有大部分只得改用到供目前消费之用的资产上，肯定有一部分资产被迫变成不能提供收入的资产。工作所需要的生产工具、商店里摆放的家具，肯定都会减少。对于这种人而言，最便捷的办法就是在需要食物的时候，一天一天地去购买，当然一小时一小时地购买就更好了。这样，他就能把几乎所有的资产都作为资本。零售商肯定能从所经营的生意中获得利润，而这种利润便来自其所提高的零售商品的价格，那么这些人所能提供的工作的价值也必然会增加，那足以补偿为获取利润而提高的价格，并有剩余。有些政治家对店主和商人有成见，这种行为其实毫无根据。零售商众多，也许他们会对彼此造成伤害，但是并不妨碍社会。因此，没有必要让他们缴纳赋税，也没有必要限制他们的人数。例如，某一城市能够销售出去的杂货数量受制于该城市及其周边地区对杂货的需求，因此，可投入杂货业中的资本，一定不能多于购买这一数量的杂货所必需的数额。如果将这种有限的资本分给两个杂货商人让其经营，这两人之间的竞争会导致双方降低售价，而这一售价要比一个人独自经营的情况更便宜。如果将其分给20个杂货商人经营，他们之间的竞争会更激烈，而他们联合起来抬高价格的可能性却会变小。他们之间的竞争，也许会导致一些人破产，但这是他们自己应当注意的事，我们不必费心。他们的竞争肯定不会伤害到消费者，也不会伤害到生产者。相反，与一两个人独自经营的情况相比，那一定会导致零售商以昂贵的价格买入而不得不以低廉的价格出售。零售商众多，其中一定不乏有引诱软弱的顾客上当受骗的奸商，致使顾客购买了自己其实并不需要的商品。不过，这种弊端并不是什么大问题，不值得国家费心费力，更无须通过限制他们人数的办法来防止。举一个最鲜明的例子，不是因为市场上的酒店太多，社会上才出现酗酒的人；而是由于其他的原因，社会上才出现了酗酒的人，从而使市场上出现众多酒店。

运用这四种投资方法的人，自身都是生产性劳动者，如果他们的劳动使用得当，就能固定下来，并且会在劳动对象或可出售的物品上实现，至少，也能把维持他们自己的费用和消费掉的价值附加到劳动对象或可出售的商品的价格上。农场主、制造商、批发商、零售商的利润，均来自前两种用途所生产的商品和后两种用途所交易的商品的价格。然而，虽然他们每人所投入到这四种用途的资本是一样的，但是由于用途不同，相同数量的资本能够直接推动的生产性劳动的数目和获得的收入也很不一样，从而使其所属社会的土地和劳动的年产品增加的价值的比例也截然不同。

从批发商那里购买货物的零售商，其资本补偿了批发商的资本和利润，使批发商的生意能够继续进行。零售商的资本所能直接雇用的人就只有他自己这样唯一的一个生产性劳动者。在零售商的利润中，包括因这一资本的使用而增加的社会土地和劳动年产值。

从农场主那里购买天然产物和从制造商那里购买制造品的批发商，其资本补偿了农场主和制造商的资本和利润，使他们的生意能继续进行。这便是批发商间接使社会上的生产性劳动得以维持、使社会年产值有所增加的主要方法。他的资本也雇用了运输商品的海员和搬运工。所以它在这种商品的价格上所增加的价值，不仅包括批发商自己的利润，而且还含有海员和搬运工的工资。它所能直接推动的生产性劳动只有这么多，它使年产品能够直接增加的价值也只有这么多。但从对这两方面所起的作用来说，批发商的资本远大于零售商的资本。

在制造商的资本中，有一部分被用在了固定资本上——投入其经营生意所使用的工具上，这一部分补偿了出售这些工具的其他制造商的资本和利润。剩余的部分就是流动资本。在流动资本中，有一部分被用在了购买原料上，这一部分补偿了为其提供这些原料的农场主和矿商的资本和利润。但是在流动资本中，还有很大一部分在一年或短于一年的时间里分配给了其所雇用的工人。所以，这种资本在其所加工的原料上所增加的价值，就包括工人们的工资和制造商因使用资本支付工资、购买原料和生产工具而应获取的利润。所以，假如批发商和制造商所拥有的资本相同，从其所能直接推动的生产性劳动数量和增加的社会年产值来说，制造商的资本远大于批发商的资本。

在所有的资本中，推动生产性劳动数量最大的要数农场主的资本。不但农场主雇用的工人是生产性劳动者，而且他拥有的牲畜也是生产性劳动者。在农业上，大自然也与人共同劳动。自然的劳动虽然不需要付出什么代价，但它生产出的产品也有自己的价值，与最昂贵的经工人之手所加工出的产品没什么两样。与其说农业最为重要的作用在于使大自然的生产力得以增加，不如说其对大自然的生产力所起到的引领作用，使大自然能够生产出最有利于人类的植物。荆棘丛生的土地所能产出的植物，往往并不逊色于耕种得最好的葡萄园或麦田。种植和耕作，与其说是增加大自然的生产力，不如说是在支配大自然的生产力。除了人类劳动之外，还有很多工作必须依赖自然力才能完成。所以，农业上所雇用的劳动者和使用的牲畜要再生产出他们所消费掉的价值，或者说是再生产出资本家维持他们的资本及其利润，这和制造业上所雇用的工人毫无区别。然而，除此之外，他们还要生产出更大的价值。除去再生产出农场主的资本及其利润的那一部分价值，一般还要再生产出地主的地租。这种地租，可以视为地主将自然力借给农场主使用的产物。地租的大小由想象中的自然力的大小决定。换句话说，也就是由想象中的土地的自然生产力或改良之后土地的生产力的大小决定。除去人类的所有工作之后，剩余的就是大自然的工作。大自然的工作在全部的产品中所占有的比例大多高于1/4，往往占1/3以上。投入制造业上的相同数量的生产性劳动，都难以实现如此大的再生产。在制造业中，丝毫不存在大自然的工作，只有人力；再生产的大小，往往与引起再生产的生产力的大小成比例。所以，假如投入到制造业中与投入到农业中的资本相同，那么从其所推动的生产性劳动数量，使社会年产值、国民的真实财富与收入所增加的价值来说，投入到农业的资本要比投入到制造业中的资本大得多。

在各种投资方法中，对社会最有利的莫过于农业投资。

投入到农业和零售业中的资本，通常都会留在其所属的社会里。它们的使用大都有固定的地点，对于农业来说，是农场；对于零售业来说，是商店。而且，它们的所有者在很多时候都是其所属社会的居民。当然，有时也有例外。

批发商的资本似乎并不在什么地方固定下来或停留在某地，也没有那个必要。因为要以低廉的价格买入而以昂贵的价格出售，他们的资本往往要从一个地方流往另外一个地方，如此周转。

制造商的资本自然要留在制造的地点。至于在什么地方制造，则没有必要进行确定。有时，制造的地点不但远离出产原料的地方，而且也远离制成品销售的地方。里昂制造品的原料是从极为遥远的地方运来的，而其制造品也要运到极为遥远的地方进行销售。西西里的时尚人士所穿的衣服的衣料是其他国家所制造的丝绸，而丝绸的原料却产自西西里；西班牙的羊毛，其中有些制造于英国，而英国用其所织成的呢绒有一些后来又送回西班牙。

不管将资本投入国内剩余产品出口贸易上的批发商是本国的居民还是外国人，都无关紧要。如果是外国人，受雇用的本国生产性劳动者的数目当然会比批发商是本国人时少，但也只少他一个人；本国的年产值当然也比较少，但也只少他一个人的利润。至于所雇用的船员和搬运工是不是本国人，便与他是不是本国人毫无关系，即便他为本国人，也可雇用外国的船员和搬运工。虽然批发商在国籍上有所不同，但将资本输出、用国内剩余产品来交换国内所需要的物品，那就不分国籍了，二者使剩余产品具有的价值一定相同。无论批发商是不是本国人，生产这种剩余产品的人的资本同样都可以获得补偿，其经营也能继续进行。这就是批发商的资本对维持本国生产性劳动、使本国的年产值实现增加所做出的主要贡献。

有一点比较重要，那就是制造商的资本应当停留在国内。由于这种资本的存在，本国所能推动的生产性劳动的数量、使本国社会年产值实现的增加一定比较大。然而，即使有些制造商的资本并没有留在国内，仍然可能对本国有用。比如，英国的亚麻制造商每年将资本投入到亚麻的加工上，而这些亚麻是从波罗的海沿岸各地进口的。这种资本，虽然并不属于产麻国，但是显然却很有利于产麻国。这种亚麻，只是出产它的国家的一部分剩余产品，假如不每年出口用来交换其所属国家所需要的东西，便毫无价值，其生产不久也会停止。出口亚麻的商人补偿了亚麻生产者的资本，由此鼓励这些生产者继续生产；英国的制造商又补偿了这些出口亚麻的商人的资本，使他们得以继续出口。

要对所有的土地进行改良和耕种，又要对全部天然产物进行加工，使其适用于目前的消费和使用，又要将天然产物和制造品的剩余部分运到遥远的市场，以交换国内所需要的物品，这么多事情不免过于烦琐。一个人的资本难以实现经营所有的生意；同样，一个国家的资本也不足以支撑如此众多的生意。英国国土幅员辽阔，居民众多，但是即使这样，要对所有土地进行改良和耕种，恐怕所拥有的资本还是不够。因为当地资本短缺，苏格兰南部的羊毛不得不长途跋涉，运到约克郡进行加工。英国有不少小制造业城市，其居民常常因为资本短缺而无法将自己的劳动产品运到对产品有需求的遥远的市场进行销售。他们中即使有一些商人，也只能算是大富商的代理人，而所谓的大富商，往往住在大商业城市里。

如果一个国家资本不足以同时投入这三种用途上，那么，我们就可以说，投入到农业上的部分越大，所推动的生产性劳动数量、使社会年产值实现的增加也越大。除去农业，就要数制造业所能推动的生产性劳动数量最大了。在这三者中，投入到出口贸易中的资本所达到的效果最小。

所有资本都不足以投入到这三种用途的国家，从其富裕的程度上来说，确实没有达到应有的水平。不管是对个人来说，还是对社会来说，想要在时机尚未成熟的时候将不充足的资本投入到这三种用途上，绝对算不上取得充足资本的最好方法。个人的资本有限，一个国家全体人民的资本也有限，要都投入到这三个用途上，确实不太现实。要想增加个人资本，就必须增加收入中的节余部分并不断积累；要想增加国民资本，也必须增加收入中的节余部分并不断积累。因此，资本的使用方法如果能使本国的所有居民获得最多的收入，由此而让所有居民都能拥有最多的积蓄，则国民资本自然会迅速增加。然而，国内所有居民收入的多少，一定要与国民土地和劳动的年产值保持一定的比例。

美洲殖民地差不多都将其所有的资本都投入到了农业中。也正是因为这样，那里才迅速地走向富强。这些殖民地除了那些会随着农业的发展而产生的、往往是每个家庭的妇女和儿童都能胜任的家庭制造业和粗糙制造业外，几乎不存在其他制造业。将资本投入出口贸易和沿海贸易上的人，大都是住在英国的商人。甚至有些地区经营零售生意的店铺和货仓也都归居住在宗主国的商人所有，这在弗吉尼亚和马里兰尤为明显。零售业并非是本地居民所投入的资本经营的事例屈指可数，这便是其中之一。假设美洲的居民团结起来，或者使用其他形式的暴力手段阻止欧洲制造品的进口，使国内制造同种产品的本地人垄断制造业，将导致本地的大部分资本都改变用途，投入到了制造业上，最终，将不仅不能实现他们年产品值的增加，使国家逐渐富强起来，恐怕只会阻碍国家发展。同样，如果他们企图垄断全部出口业，结果也许同样如此。

人类繁荣的历程好像从来都没有达到让人感到满足的程度。繁荣的时间过于短暂，以至于使任何国家都无法获得足以投入到这三种用途上的资本。关于中国、古埃及、古印度的富裕和农业情况，各种记载都令人诧异不已。然而，即使是这三个被推崇为世界上最富有的国家，也只是因为它们在农业和制造业方面所占有优势而闻名。这些国家的对外贸易并不繁荣。古埃及人对海洋存在一种迷信，对其很是害怕和恐惧；印度人也常常有这类迷信；至于中国人，其对外贸易方面一向就不怎么发达。这三个国家的剩余产品，大都是由外国人出口，所交换回来的也多为他们所需要的东西——常常是金银。

同等数量的资本在国内所推动的劳动量的多少和其使社会年产值实现增加的大小，因它投入到农业、工业、批发业中的比例不同而有所差别。而且，即便均为批发业，其投资的结果也将因所经营批发业的种类不同而差异很大。

所有批发贸易可以分为三类，即国内贸易、对外消费贸易和运输贸易。国内贸易是从国内的一个地方购入劳动产品，之后在国内的另外一个地方将其售出，它有内陆贸易和沿海贸易两类。对外消费贸易是购买外国货物满足国内居民的消费；运输贸易是经营不同国家之间的贸易，也就是把甲国的剩余产品运到乙国。

投入到国内贸易中的资本，将从国内甲地购买的产品运到乙地出售，每运作一次，通常可以补偿两个均为投入到国内农业或制造业中的资本，从而使其得以继续运作。当使用这项资本从商人的店里将一定价值的商品运出去时，很多时候至少可交换回来一个与其价值相同的其他商品。所以，如果交易的双方均为国内劳动的产物，结果自然能够补偿本国两个用于维持生产性劳动的资本，使其能继续运作。比如，先把苏格兰所生产的制造品运至伦敦，再将英格兰所生产的谷物或制造品运到爱丁堡的资本，每运作一次，无疑能够补偿英国的两个投入到制造业或农业中的资本。

既然进行对外消费贸易的一方是本国劳动的产物，那么，每运作一次，投入到这种贸易中的资本虽然能补偿两个不同的资本，但仅有一个是用于维持本国产业的资本。例如，先把英国的货物运至葡萄牙，再把葡萄牙的货物运回英国的资本，每运作一次，仅补偿一个英国资本，另外一个则是葡萄牙的资本。所以，即使这种贸易的资本每运作一次的速度与投入到国内贸易的资本运作的速度一样，比较而言，投入到这种贸易中的资本也只能鼓励半数的国内产业和国内生产性劳动。

事实上，对外贸易的资本运作速度很少能达到国内贸易的运作速度。国内贸易的资本，在很多时候每年能运作一次，有时甚至三四次。对外贸易的资本每年运作一次就已经很难得了，两三年运作一次也不足为奇。往往投入到国内贸易中的资本已经运作了十二次，而投入到对外贸易中的资本只运作了一次。所以，如果两个资本是一样的，投入到国内贸易中的资本对本国产业所提供的鼓励和扶持往往会比投入到对外贸易中的资本多24倍。

国内消费的外国货物有时并不是用本国产品购买的，而是通过一些外国商品购买的。但这些外国商品必然是直接通过本国产品购买的，或是间接通过本国产品购买的——用本国产品购买外国商品，再用外国的商品来购买外国商品。因为除了战争的情况之外，外国商品只有通过本国产品直接进行交换获得，或利用本国的产品通过两三次不一样的交换获得，此外便没有其他的方法。所以，用在这样间接交换的对外消费贸易的资本，与用在最直接的对外消费贸易的资本相比，除了它每运作一次所需要的时间比较长这一点外，不管从哪一点来说，二者的效果都是一样的。假设商人用英国的制造品来购买弗吉尼亚的烟草，再用弗吉尼亚的烟草购买里加的亚麻和大麻，那么，如果不经过两次对外贸易，资本就难以返回到商人的手中用于购买相同数量的英国制造品。再假设用来购买弗吉尼亚烟草的不是英国制造品而是牙买加的砂糖，但要通过英国的制造品才购买到牙买加的砂糖，那就必须进行三次对外贸易商人才能再使用同一资本去购买相同数量的英国制造品。再假设这两次对外贸易或三次对外贸易是由两三个不同的商人经营的。第一个人进口的是商品，其进口的商品被第二个人购买用以出口，第二个人进口的商品又被第三个人购买用以出口，对每个商人来说，资本的回收速度的确比较迅速；但是要将投入到贸易中的所有资本都如数收回，却是十分缓慢。此外，投入到这种间接交换的贸易中的资本终究是属于一人，或归这三人共同所有，对于个别商人来说，虽然有计较的必要，但是对于国家来说，却毫不相干。不论是属于一人，还是归这三个人共同所有，用一定价值的英国制造品辗转几次交换到一定数量的烟草，与拿英国制造品与烟草直接进行交换的情况相比，所需要的资本往往会大三倍。所以，虽然投入到比较直接的对外消费贸易的资本和投入到间接交换的对外消费贸易中的资本数量是相等的，后者为本国生产性劳动所提供的鼓励与扶持却通常会略少。

用来购买国内消费的外国货物的，不管是什么样的外国商品，都无法改变贸易的本质，也无法使它对本国生产性劳动所能提供的鼓励与扶持发生增减变动。如果它们是用巴西的黄金或秘鲁的白银所购买的，自然要通过本国的某种劳动的产品，或用本国的劳动产品通过交换而得来的某种物品购买。这种交换，便与先购买弗吉尼亚的烟草，然后再用弗吉尼亚的烟草来购买本国所需要的物品毫无差别。所以，对于本国的生产性劳动而言，不管是从利的方面说，还是从弊的方面说，在补偿直接用在维持该生产性劳动上的资本的速度方面，通过金银进行的对外消费贸易与其他任何同样间接交换的对外消费贸易毫无差别。不过，比较而言，通过金银进行的对外消费贸易还有一个优点。金银作为金属，虽然体积小，但是其包含的价值却不小，因此，与相同价值的其他物品相比，运输的费用比较少，保险费用也不会更多。再者，运输过程中，与其他的物品相比，金银更不易受损。所以，用金银充当媒介与用其他的外国货物充当媒介相比，我们常常能够通过较小量的本国劳动产品交换到相同数量的外国产品。所以，比较而言，用其他的外国货物充当媒介，不如用金银充当媒介，因为本国的需求可以由此而以较少的花费获得更充分的供给。至于这种不断输出金银用以换得本国所需要的外国货物的贸易是不是会导致国家陷入贫困，这个问题我们在下面要详细讨论。

投入到运输贸易中的资本，都是从国内抽调出来的，没有用于维持本国的生产性劳动，却转而用于维持外国的生产性劳动，这种贸易每运作一次，虽然能够补偿两个资本，但这些资本并不归本国所有。荷兰商人将其资本投入到将谷物从波兰运送到葡萄牙，再将葡萄牙的水果和葡萄酒运回波兰上，确实补偿了两个资本，但是两个都没有用于维持荷兰的生产性劳动：一个是被用于维持波兰的生产性劳动，一个是被用于维持葡萄牙的生产性劳动，属于荷兰的只有荷兰商人所获得的利润。这种贸易的进行，使荷兰的土地和劳动的年产品的价值实现了一定的增加，但是所增加的部分却微乎其微。当然，如果经营运输贸易所使用的船舶和水手属于本国，那么，用于支付运费的那一部分资本，大部分被用于推动本国的生产性劳动、雇用本国的生产性劳动者。实际上，运输贸易发达的国家基本上都是按照这样的方式进行的，而这些国家的民众往往是外国人的搬运工。运输贸易的名称，也许正是因为这而得来的。然而，运输货物所需要的船舶与水手并非一定归本国所有。比方说，荷兰商人所经营的是波兰与葡萄牙之间的运输贸易，其所用的船舶并非一定是荷兰的，用英国的船舶也行。在这种情况下，可以说运输贸易对英国这样的国家尤为有利，因为一个国家的国防和安全是由其所拥有的船舶与水手的数目决定的。但是，同等的资本在对外消费贸易，甚至在国内贸易中（如果由沿海船舶进行）照样可以雇佣那么多的船舶和水手。一定数量的资本所能雇用的船舶和水手到底有多少，不是由贸易的性质决定的，而是一部分由货物的体积和其价值的比例决定，一部分由进行运输贸易的海港之间的距离决定。在这两个决定性因素中，前者更重要。尽管纽卡斯尔与伦敦两个海港之间的距离比较近，然而，二者之间进行的煤炭贸易所雇用的船舶和水手却比英格兰所有运输贸易雇佣的总量还多。所以，想利用特别的奖励迫使国家的资本不顺应自然的趋势，而将很大一部分投入到运输贸易中，并不完全能促进一个国家的航海运输业。

与投入到对外消费贸易中的相同数量的资本相比，投入到国内贸易上的资本所能扶持和鼓励的本国生产性劳动数量既然比较大，那么其使本国年产值实现的增加通常也更多。与投入到运输贸易中的相同数量的资本相比，投入到对外消费品贸易中的资本却能在这两个方面上提供更大的利益。一个国家的财富和实力（在财富决定实力的今日），一定与其年产值，也就是与其支付所有税收的最终基金成比例。政治经济学的远大目标，便是增长本国财富、增强本国实力，所以，出于对本国经济的考虑，不应奖励对外消费品贸易，而应奖励国内贸易；不应奖励运输贸易，而应奖励对外消费品贸易或国内贸易。出于对本国经济的考虑，不应强迫也不应诱使较大份额的资本违背事物的自然趋势，流入到对外消费品贸易或运输贸易渠道中去。

然而，如果这三种贸易无论哪一种都没有受到约束或强迫，而是顺应事物的趋势自然发展起来的，那么，它们均为有利的，且为必要的、不可缺少的。

当某一特定的产业部门的生产超出了本国的需求时，剩余部分必定会被送到国外，用于交换国内所需要的物品。假如没有这种出口，必然会有一部分国内生产性劳动停止，从而导致国内的年产值减少。英国所生产的谷物、呢绒和金属制品，一般都会多于国内市场的需求。因此，剩余的部分必定会送到国外，用于交换本国所需要的物品。假如没有这种出口，这一剩余的部分将无法得到足以补偿生产这些剩余产品时所消耗的劳动和支出的价值。沿海沿江一带由于出口剩余产品比较方便，很容易就能交换到本地所需要的物品，因此，比较适宜开办产业。

用本国的剩余产品交换而来的外国商品，如果也超过了国内市场的需求，则其剩余部分也必须运到国外，用于交换国内所需要的其他物品。

英国每年用本国剩余产品购买到的弗吉尼亚和马里兰的烟草达9.6万桶，但是英国每年的需求量却可能仅为1.4万桶。所以，剩余的8.2万桶如果不输出到国外，以交换国内所需要的物品，那么烟草进口就会马上停止。每年为购买这8.2万桶而制造的产品，原来并不是为了满足本国的需求，现在出口的渠道又被堵塞，生产当然会停止，而为制造这种产品受到雇用的那一部分英国人也将无事可做。所以，最迂回的对外消费品贸易，有时无异于最直接的对外消费品贸易，这是推动本国生产劳动、维持本国年产值必不可少的手段。

如果一个国家所积累的资本不能全部用在满足本国的消费需求、维持本国的生产性劳动上，那么它所剩余的部分自然就会流进运输贸易渠道，用于满足其他国家的消费需求，维持其他国家的生产性劳动。运输贸易是巨额国民财富的自然结果和象征，但却并不是国民巨额财富的自然原因。对这种贸易极为赞成的政治家们，似乎误把结果和象征当成了原因。从土地面积和居民人数的比例上来说，荷兰是欧洲最富有的国家，所以，荷兰在欧洲运输贸易中所占有的份额是最大的。在欧洲的富有国家中，英格兰位居荷兰之后，也有许多运输贸易。不过，在多数情况下，英格兰的运输贸易不如说是间接交换的对外消费品贸易。我们将东、西印度群岛和北美洲的商品运到欧洲各个市场去的贸易，一般都属于这种性质。这种贸易中的商品，一般如果不是英国的产品，就是通过英国的产品所购买的物品，而且，这些贸易最终所购回的物品又通常是在英国消费或使用。真正的英国运输贸易，只有那些利用英国的船只在地中海各个港口之间进行的贸易和由英国商人在印度沿海各个港口之间经营的贸易。

由于国内各地都有必要交换各自的剩余产品，由此便产生了国内贸易。所以，国内贸易的范围和投入到国内贸易中的资本量，必然会受制于国内各地剩余产品的价值；对外消费品贸易的范围必然会受制于本国所有剩余产品的价值和能够由此而购买到的物品的价值。运输贸易所交换的是世界各地的剩余产品，所以，其范围必然会受制于世界各地的剩余产品的价值。与前面两种贸易相比，运输贸易的前景无限，它能够吸收的资本量也最大。

决定资本用途的动机仅有一个，那就是对私人利润的考虑。是将资本投入到农业中，投入到工业中，投入到批发业中，还是投入到零售业中，要看哪种用途能够创造的利润最大。至于哪种用途能够推动的生产性劳动数量最大，哪种用途能够使社会年产值实现的增加最多，资本所有者从来不会放在心上。所以，在农业最能创造利润，通过耕作和改良最容易富裕起来的国家，个人的资本必然会投入到最有利于社会的用途中去。然而在欧洲，将资本投入到农业上所获得的利润并不比其他用途多多少。不可否认，近几年来，欧洲各个地方有许多计划家极口称赞耕作和改良所创造的利润，但只要稍微观察一下，就会发现他们的结论是错误的。我们经常看到这样一些人，他们从微薄的资本甚至没有资本开始，只要在制造业或商业上打拼数十年，便跻身富翁行列。然而本世纪以来，像这样依靠少量资本从事农业贸易而致富的人，在欧洲几乎找不到。在欧洲各个大国，仍然有许多没有实现耕作的优良土地；已经有人耕作的土地，也没有获得充分改良。所以，现在几乎所有地方的农业都还能容纳不少资本。

英国所生产的谷物、呢绒和金属制品，一般都会多于国内市场的需求。因此，剩余的部分必定会送到国外，用于交换本国所需要的物品。

第三篇
论不同国家的财富发展

在文明社会，城市与农村之间的贸易往来是其商业的重要组成部分。

第一章

论财富的自然增长

在文明社会，城市与农村之间的贸易往来是其商业的重要组成部分。构成这种贸易的因素主要是自然生成物和制成品之间的交换，这种交换或直接进行，或者通过货币或纸币这些流通工具进行。农村向城市供应生活资料和制成品的原材料，城市则将一些制成品返回农村。可以毫不夸张地说，城市所拥有的财富和生活资料均来自农村，城市不存在什么生活资料，也不可能存在对这种生活资料进行的再生产。但是，我们不能单从这一点就说城市所获得的利益便是农村的损失。其实二者并没有什么利害冲突，它们从彼此身上所获得的利益是一致的。分工所产生的结果与其他情形毫无二致，有利于城市和农村中所有从事不同行业的人。农村居民无须亲自加工自己所需要的产品，从城市购买即可，这样，他们就实现了以自己不多的劳动产品交换到较多的制成品。城市为农村居民的剩余产品提供了市场，这些剩余产品是超出农村居民所需要的数量，过剩的物品可拿到城市去出售，以交换自己所需要的物品。城市的居民越多，居民所获得的收入越高，农村居民剩余产品的市场就越广阔，就能造福更多的人，为他们带来更大的福利。试比较一下所有郊区土地耕种情况与所有远离城市的地方的土地耕种情况，你就会发现城市的商业对农村的影响之大。即使是在那些关于贸易差额的极不合理的言论中，也从未出现过城乡之间互通有无的贸易不利于城市或农村的言论。

一般来说，生活资料走在便利品和奢侈品的前面。所以，生产生活资料的产业也一定会走在生产便利品和奢侈品的产业的前面，农村的耕种和改良也一定会走在城市发展的前面。城市的生活资料随着剩余产品的增加而增加，这是因为构成城市生活资料的正是农村的剩余产品，也就是超出农村居民需求的过剩部分。然而，城市的生活资料并不一定依赖于与其相距不远的农村，甚至也不一定依赖于国内的农村，而可从相距甚远的地方输入。虽然这一点只是例外情况而非一般规则，但不同时代、不同国家的国民财富的增加却因此而迥然不同。

农村的发展走在城市的前面的顺序，取决于其必要性。虽然并不是所有的国家都存在这种现象，然而在每个国家，人类的天性都为这种现象的形成贡献了力量。如果人为的制度无法约束人类的天性，那么，在城市所在地的所有土地完全实现耕种和改良之前，城市的发展必然不能超过其所在地的土地耕种和改良所能支持的限度。在前提是利润一样或几乎一样的情况下，人们宁愿投资于土地的耕种和改良，也不愿将资本投入制造业或对外商业上。这是因为，如果投资于土地的耕种和改良，人们能够清楚地看到资本的流通过程，与商人相比，他不必过于担心意外事故对其造成的影响。

商人的资本经常任由市场上大风大浪支配，随时都有可能发生意外。将资本委托给对当地的风俗人情都不太熟悉的远方人，也很不靠谱。相反，地主的资本在土地上固定下来，这样的安全程度极尽人类所能，非其他资本使用方式所能企及。再者，乡村的别致景色、生活于期间的愉悦感，以及其抚慰心灵、让心情归于平静的作用如果没有遭受到人为的干涉，那么，这些出众的地方无不吸引着每一个人。耕种土地从一开始就受到人们的偏爱，而且，在人类存在的所有阶段，这种古老的职业将永远受到人们的偏爱。

只有一些工匠的帮助，土地的耕种才能顺利实现，不然，就会遇到诸多不便，从而导致耕种断断续续。铁匠、木匠、车匠、犁匠、泥水匠、砖瓦匠、皮革匠、鞋匠和裁缝等人的工作都是农民必不可少的。这些工匠因需要相互帮忙而居住在相距不远的地方，由于不用像农民那样一定要在某个地方固定下来，于是，就逐渐形成了小城镇。不久，又加入了一些能够满足他们不时之需的人，这些人的存在非常有必要，而且十分有用，如屠夫、酿酒人、面包师以及其他的工匠和零售商，他们促使城镇进一步壮大。结果，城市的居民与乡村的居民双方互为彼此的仆人。城市常常成为一个市场，由于乡村居民需要将自然生成物拿到城市出售，以交换他们所需要的制成品，这就为城市居民提供了生产和生活的原料。城市居民所购买的原料量和食品量便取决于他们出售给乡村居民的制成品的数目。城市居民原料和食品增加的比例与乡村居民对制成品的需求保持一致，而这一需求的增加比例又与耕种和改良的发展情况相保持一致。因此，如果人类的制度没有影响到事物的发展进程，那么，城市财富的增加和发展，便都是乡村耕种和改良发展的必然结果，而且其比例也与之一致。

人们能够轻而易举地在北美殖民地购买到未被开垦的土地，但是在这些地方并不存在用于销售到遥远地方的制造业。如果一个工匠从经营的生意中所获得的资本，超过了为附近的乡村提供服务所需要的数目，他不是将剩余的资本投入用于销售到遥远地方而创立的制造业中，而是投入购买土地或对未被开垦的土地进行改良上。他心甘情愿从一个工匠变成一位农场主。即便为让他长期从事工匠的工作而以高工资或易于得到的生活资料相诱，也难以改变他的心意。他宁愿为自己劳动，也不愿为他人劳动。在他看来，工匠所扮演的角色是顾客的仆人，从为顾客服务的劳动中获得自己所需要的生活资料，而农场主则不同。农场主所扮演的角色是自己的主人，在世界上是一个独立的个体，不受任何人支配，从自己的劳动中获得自己所需要的生活资料。

相反，在不存在荒地或购买土地比较困难的国家，工匠所获得的资本超过了为附近的乡村提供服务所需要的数目，那么他们将会为销售到遥远的地方而着手准备。铁匠就会建造铁厂，纺织工人就会设立麻织厂或毛织厂。这些工厂将随着时间的推移而实行细密的分工，这样，各方面就会由此而得到改善。这一点大家很容易就能理解，就不需要我多说了。

在利润一样或几乎一样的情况下，制造业当然要走在对外商业的前面，至于原因，与农业要走在制造业前面相同。与制造商的资本相比，地主或农场主的资本更为安全，与从事对外商业的商人资本相比，制造商的资本因在自己的支配和控制的范围内而更安全。不可否认，每个社会、每个时代的自然生成物和制成品中的过剩部分，或在国内找不到用途的那一部分，都会为交换本国所需要的物品而被送往国外。至于把剩余产品输出、送往国外的资本到底是哪国的资本，是外国还是本国的，则不是太重要。如果本国的资本不足以支持对所有土地进行耕种和最大限度地对自然生成物进行加工，那么，即使将本国的剩余产品送往国外的资本不属于本国，也会对本国有利。这是因为，有了这种资本，就能使本国的所有资本投资于更有利的用途上。中国、埃及和印度的富有充分证明了一点：即使国家的大部分对外商业掌握在外国人手中，也不会对该国的财富有任何影响，该国依旧能够很富裕，甚至还能达到很高的富裕程度。如果北美殖民地和西印度群岛殖民地只用本国的资本而将剩余产品送往国外，那么这两个地方的发展肯定不会像现在这样快。

每个正在发展的社会，其资本一定是根据自然的顺序，先将大部分资本投入到农业上，其次投入到制造业上，最后投入到对外商业上。这一顺序很是自然。无论哪个大城市，在其建立之前，都必然要开垦一些土地，必然要在这些城市创办一些简单粗糙的制造业，而后才会出现从事对外商业的人。

尽管每个社会都或多或少会遵循这一自然顺序，但是就现在欧洲的情况而言，却在很多方面与之背道而驰。在欧洲的一些城市中，用于销售到远方的制造业大都是由对外商业引发的。制造业和对外商业又推动了农业的改良。这种与自然顺序背道而驰的顺序，是由政府促成的。正是这些城市原先的政府使他们的方式和习惯变成了现在的样子。虽然后来的政府进行了大幅度改革，但是，他们的方式和习惯却并没有因此而改变。

第二章

城市商业如何对农村改良做出贡献

工商业城市的增加和富裕，对于其所在农村的改良和耕种所做的贡献主要通过三种途径实现的。

首先，为其所在农村的天然产物提供了一个广阔而又方便的市场，这样，无异就鼓励了农村对土地的进一步改良和耕种。享受到这种实惠的除了城市所在的农村之外，还有所有与城市有贸易往来的农村。这些地方的天然产物或制造品由此而获得一个广阔的市场，其耕种和改良也将随之跟进。当然，享受到实惠最大的还是要数城市所在的农村，因为只有它离城市最近，其运输天然产物所需要的费用也比较少。因此，即便商人们对生产者支付的价格比较高，其所出售的价格也与产自离城市比较远的农村的售价一样便宜。

其次，城市居民往往将获得的财富用于购买能够销售的土地，而这些土地大都是尚未开垦的土地。商人们都非常希望自己成为乡绅，并且，在成功转型之后，这些人通常是最能对土地进行改良的人。乡绅和商人不一样。乡绅一向大手大脚惯了，只会花钱，却从来不想怎么赚钱。而商人却只会将钱花在有利可图的事情上，每一笔钱花出去之后都想着能产生利润。截然不同的花钱习惯使他们一个成为勇敢的经营者，一个成为畏缩的经营者。对于商人来说，如果将一定的资本投入到土地的改良上能够有希望按照费用的比例获得一定的价值，那他就会毫不犹疑地着手进行。而对于乡绅来说，当他的手中稍微有一定的资本时（情况并不是总是这样），大都不敢像商人那样运用资本。即便他也着手对土地进行了改良，所用的资本也不过是每年收入里剩余的资金而不是一笔资本。因此，土地的改良确实要寄希望于购买土地的商人。假设你有幸在一个商业城市里居住，而其周围的农村的土地都尚未进行改良，你经常会看到一种情况，那就是与乡绅相比，商人按照这种方式进行的资本运作更活跃。除此之外，商人因经商而养成的讲究秩序、看重节省、谨慎的习惯，也使他一旦对土地进行改良，便能取得成功，而且还能获得利润。

再次，从前，农村居民时常生活在持续不断的混战和压迫状态下。他们经常与邻近的人交战，又时常被贵族所役使。随着工商业的发展，有序、良好的政府也使农村居民的自由和安全得到保障。这一点所产生的效果是最重要的，但却很少有人注意到。

在既没有对外商业，又没有精密制造业的农村，大地主从土地中所获得产品除了支付给耕作者那一部分外，还剩余有很大一部分。剩余部分由于交换不到东西，因此就被用在摆设家宴、招待宾客上。如果这些剩余产品能够维持100人，就会用于维持这100人；如果能维持1000人，就会用于维持1000人。除此之外，便没有其他的用途。因此，大地主的身边经常围绕着成群的仆人和侍从。这些人依靠地主的恩惠而生存，他们对于地主只有服从的份，就像士兵服从为他提供军饷的王公一样。实际上，除此之外，他们也没有任何等价的物品用来回报地主的供养。在欧洲的商业和制造业还没有扩张之前，上到国王、下到小贵族都是这样款待客人的，其场面之大是我们现在难以想象的。

侍从依附于大地主，佃农也依附于大地主。他们这种人由于不是奴隶，而是能够随意退租的佃农，因此，其所交纳的地租无论如何都不能与从土地中获得的生活资料画上等号。几年前，在苏格兰高地一带，从土地中所获得的产品足以供养一家，而通常所交纳的地租却只有一克朗、半克朗、一头羊或一头小羊而已。有些地方现在仍然是这样。但是，这些地方的货币所能购买到的商品却并不比其他地方多。实际上，在这样的农村，产自本地的产品必须在本地消费掉，因此，对于地主来说，与其让这些地方的佃农像侍从那样依附于自己，听从自己的指挥，还不如让他们消费掉产自于本地的产品。这样，他就可以省去很多麻烦。我们应该知道，这种不能随意退租的佃农，虽然只需要向地主交纳略多于免役税的地租就可养活全家，但是他们仍然像侍从或仆人那样依附于地主，绝对听从地主的命令。这样一来，地主好像在自己家中供养其仆人和侍从，又在佃农家中供养他们一家。既然仆人和侍从的生活资料固然来自地主的恩赐，佃农的生活资料也是如此，那么，这种恩赐是否会继续，自然就由地主的好恶决定了。

在这种情况下，大地主对于其佃农和仆人必然具有一种权威。这一权威便是古代贵族权力的基础。平时他们是境内居民的法官，战时则是他们的首领。他们拥有调动境内所有居民以反抗不公正行为的权力，因此，在他们自己的领地内，他们俨然是维持治安和执行法律的人。拥有这种权力的人，在古时大概也只有那些封建诸侯，就连国王也没有。在古代，虽然国王是一国领土中最大的地主，拥有调动全体民众一起防御敌人的权力，但是如果国王想要依靠自己的权威去强迫某个也拥有武装力量的大地主偿还一笔数目很小的债务时，所要花费的力气不亚于平息一场内战。因此，大部分地区的司法权不得不交给那些能够执行法律的人，让他们行使这一权力。同样，由于国王仅靠自己的力量无法平息内战，他不得不把农村民兵的指挥权交给那些能够让民兵服从的人。

如果认为这种地方的司法权是起源于封建法律，那就错了。在欧洲还不知道所谓的封建法律之前的几百年，不仅最高的民事和刑事司法权已经掌握在大地主手中，就连所有的招募军队、铸造货币和为维持领地内秩序而制定的法律也已经掌握在了大地主的手中。英格兰征服前的撒克逊贵族们所掌握的统治权和司法权，并不亚于征服后诺曼贵族所掌握的统治权和司法权。然而，即使是在征服以后，封建法律也没有演变成为英格兰的习惯法。至于法兰西，其权威和司法权的产生先于封建法律的产生则是一个无可争辩的事实。这些权威和司法权无疑产生于上述的各种财产制度和风俗习惯。不必上溯到古代法兰西或英格兰的历史，就是在更晚的时代，也能找到充分的证据证明两者之间的因果关系。不到30年前，在苏格兰洛赫巴，有一位绅士卡麦隆，他既非贵族领主，也算不上大佃农，只不过是亚盖尔公爵家的一名家臣而已，却经常对其民众执行最高的刑事裁判权，并且不仅仅限于民事调解。据说，尽管没有任何正式的司法仪式，但是他在裁判审判时却十分公正。这仅有可能是为了顺应当时的社会形势，出于对维持公共治安的考虑不得不将这项权力交给他来行使。这位绅士每年所获得的地租也只有500镑，但他却于1745年率领自己领地的民众800人参加了斯托亚起义。

封建法律的设立，其实质乃是缩小大地主贵族的权力，而绝非将其扩大。上自国王，下自最小的地主，封建法律制定了一定的等阶划分，各自都有其职责和义务。在小地主还没有成年的时候，其土地上的地租和管理权均归其直接上级，而在大地主还没有成年的时候，其地租和土地管理权则归国王。国王对未成年的地主尽维持和教育的责任，并且以监护人的身份为他操办婚事，但采用的方式要与其身份相符。虽然这种法律的本意在于稳固国王的权力，削弱大地主的权力，但却难以在农村的居民中确立秩序、建立良好的政府。在混乱局面中产生的各种财产制度和风俗习惯，并不会因这种法律的产生而彻底改变。政府的权力仍然过于弱小，贵族的权力仍然过于强大，而贵族权力的强大正是造成政府权力弱小的原因。虽然封建等级秩序已经确立，但是国王仍然不能控制大贵族的暴行。各大贵族仍然根据自己的意愿随意发动战争，相互间不断地交战，甚至经常对国王发动战争，而农村仍然处于混乱状态之中。

然而，一切封建制度的强制力量无法实现的事情，却由对外商业和制造业在潜移默化中实现了。对外商业和制造业的兴起，渐渐使大地主将从土地中获得的全部剩余产品与其他物品进行交换。由此而获得的物品无须与佃农共享，于是，他们所获的地租便可由自己消费掉。一切都归自己，什么也不留给别人，这句可耻的格言流行于一切的时代。因此，从这时开始，他们开始变得不愿意再与他人分享。从前，如果剩余的生活资料能够供养1000人一年，他们就只能将这些生活资料用于供养这1000人。现在却与往日不同了。他们会选择将这1000人的生活资料或其价格（二者一样）用于购买一对钻石纽扣，或其他一些无价值、无用处的东西。他们宁愿逐渐舍弃从这些生活资料中所获得的势力和权威，也不愿意与他人共享。现在纽扣是自己的，没有人与他分享；要是在以前，则要与1000人分享。其中的差别不言自明，很容易做出取舍。就这样，为了满足自己最幼稚、最没有价值、最卑鄙的虚荣心，他们最终舍弃了这些势力和权威，将它们拱手让人。

在一个没有对外商业、没有精密制造业的国家，一个每年获得1万镑的人，其消费方法除了将这些钱用于供养1000个对自己言听计从的家人之外，便再也找不出其他的方法。在现在的欧洲，一个每年获得1万镑的人，无须供养20个人或雇用10个以上的仆人就会将其所有收入花光。事实上他们也是这样做的。与以前相比，他们间接所供养的人数或许和以前的消费方法所供养的人数相同，甚至比这还多。因为虽然他自己的所有收入交换到的贵重物品的数量不是很多，但是为采集和制造这一物品而雇用的工人人数却肯定很大。这种物品昂贵的价格，大部分来自这些工人的工资及其雇主的利润。他直接支付了的这种物品的价格，也就相当于直接支付所有的工资和利润，从而，也就间接维持了这些工人及其雇主的生活。不过，他对于这些人所做的贡献在他们全年的生活费中占有的比例很小，对极少数人也许有1/10，许多人只有1/100，有的人甚至不到1/1000、1/10000。他虽然支付了每一个人的生活费用，但是这些人的生活不一定都靠他来维持，没有他，他们照样可以维持自己的生活。

当大地主供养佃农和侍从的费用是其地租时，他们所供养的人都是自己的佃农和侍从。但当他们用地租来供养商人和工匠时，他们所能供养的人数也许和从前一样多，考虑到农村或许会因款待客人而造成一定的浪费，则现在所供养的人数或许比从前还要多。然而，分开看的话就会知道，他们中每个人对于更多人中的每一个的生活费所做的贡献极小。每个商人或工匠的生活资料并不仅仅来自一个人，而是来自100个或1000个顾客。虽然他在某种程度上依赖于顾客，但却并不是绝对地依赖于他们中的任何一个人。大地主的个人开支就是在这样的情况下逐渐增多的。因此，他所供养的仆人人数就非得慢慢减少，直到完全消失不可。又因为同样的原因，不是特别需要的佃农也会慢慢减少，直至完全消失。虽然佃农对此不免心生不满，但是地主仍然会按照当时尚未完全实现耕种和改良的土地状况而使佃农人数减少到所必需的人数。不必要的人肯定要被全部辞退，因从土地上榨取了尽可能多的价值，地主所获得的剩余产品也逐渐增多或剩余产品的价格也逐渐提高。这一较大的剩余，又是他从商人和工厂厂主那里获得一种个人消费的方法。又是因为同样的原因，使地主们渴望所获得的地租数额能够超过目前耕种状况下土地所能提供的数额。但是，如果这样的话，对土地进行改良、佃农增加对土地进行改良所耗费的费用就不可避免，如果租用土地的期限长度不足以让他收回追加的费用和其利润，那他肯定不会同意地主提出的加租要求而要求延长租期。地主们出于虚荣心的考虑，最后必然会答应佃农的要求。租期由此便得以延长。

一个不能随意退租的佃农，要耕作土地虽然需要支付土地的全部价值，但是他并非完全依附于地主。他们从彼此的身上所得到的金钱方面的利益是相互的、平等的。在这种情况下，佃农不会因为地主服务而放弃自己的生命和财产。然而，在租期延长之后，他就能实现独立；除去那些在租约清楚地表明的，或国家的习惯法中所规定的，地主别想从他那儿享受到任何额外的服务。

既然佃农已经独立，仆人们也已经辞退，那大地主就不能再干扰正常的司法活动了，也不能再扰乱地方的治安了。他们天生拥有的权利于是出售了出去，然而，出售的目的并不是因为饥饿和其他必需的东西，而只是仅适宜充当儿童的玩物而并非成人应追求的那些漂亮却没有价值的东西。因此，他们变成了与城市里的富裕的市民和商人毫无差别的平庸之人。于是，乡村也设立了正规的政府，就像城市的一样，任何人都无法扰乱政府在农村的治理。

对于公共福利而言，这是一种非常重要的变革，但它的实现却是由两个丝毫不愿考虑公众福利的阶层的人促成的。满足最幼稚的虚荣乃是大地主的唯一出发点。至于商人和工匠，虽然不像大地主那么可笑，但也只是为了自己的利益。他们所追求的不过是去一个有利可图的地方能赚多少钱就赚多少钱。大地主的愚蠢、商人和工匠的勤劳，最终促成了这场变革的完成，然而，他们对变革却始终不了解，也没有预见。

欧洲大部分地区的商业和制造业就是在这种情况下成为农村土地耕种和改良的原因，而不是其结果。

这种与自然顺序背道而驰的顺序，当然是缓慢不定的。试比较一下国家财富建立在商业和制造业基础上的欧洲各国所进步的速度，与国家财富建立在农业基础上的我国北美殖民地所进步的速度，你就会发现欧洲各国的进步速度是多么慢。欧洲大部分地区的居民人数，似乎在将近500年的时间里也没有增加一倍。我国北美殖民地的有些地方，却在20年或25年的时间里就增加了一倍。在欧洲，长男继承法和各种永久所有权都使大地产难以分割、小地主的人数不能增加。我们知道，小地主所拥有的土地有限，他熟悉土地的每一部分，用心照料土地，对土地是爱护备至。他不但喜欢耕种土地，而且也喜欢对土地进行改良。在各种耕作者中，他是最勤恳、最明智和最成功的。再者，长男继承法和各种永久所有权也使许多土地无法出售，导致用于购买土地的资本量多于等待出售的土地量，致使土地总是以垄断的价格出售。从购买的土地中所获得的地租，常常不够支付购买土地所花费的数额的利息，就更不用提那些维修费和其他意外的开支了。所以，在欧洲，用小额资本购买土地是获得利润最少的一种方法。即便有些已经不再从事工商业的人，为了安全起见，有时也愿意将小额资本投入到购买土地上。还有一些收入来自其他来源、从事专门职业的人，也常常为了不让自己的积蓄分散而将资本投入到土地上。一个年轻人不去经商，也没有从事专门职业，却将其两三千镑的资本投入到购买和耕种一块面积很小的土地上，从而加以开发，想要生活得幸福、独立，很容易就能实现，但是要是想得到大笔资产就希望渺茫了。通常，这样的年轻人没有成为地主的希望，他们也大都不愿成为地主。既然市场上所能出售的土地很少，土地的价格又比较昂贵，结果使很多原本用于对土地进行开发改良的资本改作他用。相反，在北美洲，只要有五六十镑的资本便足以实现土地的改良。在那儿，将资本投入到对尚未进行改良的土地的购买和开发，既是最有利于最大资本的用途又是最有利于最小资本的用途。在那里，这是最直接的致富途径。在那里，几乎不需要付出什么代价就能获得土地，即便要付出代价，其代价也不会超过其自然生成物的价值。这种事情在欧洲绝对不可能发生，在很早以前土地就已经成为私有财产的国家更不可能发生。除此之外，在子女众多的家族主人去世时，所遗留的地产如果能平均分配给各个子女，那所遗留的地产必将有出售的那一天。如果等待出售的土地增加了，那么土地也将不再以垄断价格出售。土地的自由地租也渐渐能够支付购买土地所花费的数额的利息；用小额资本购买土地，也将和其他用途一样有利。

因为土壤天然肥沃，海岸线比较长，再加上众多通航河道贯穿其中，为内陆的各个地区的水上运输提供了便利，因此，英格兰与欧洲任一大国相比，都更适合发展对外商业、设立用于销售到远方的制造业、对土地进行改良。从伊丽莎白统治初期开始，英国在制定法律时对商业和制造业的利益很是注重。实际上，欧洲的各个国家的法律通常都有利于这些产业的发展，就连荷兰也不例外。所以，在整个伊丽莎白统治期间，商业和制造业不断地向前发展。无疑，农村的耕种和改良也在不断发展，但是其发展往往落后于商业和制造业的发展，而且其发展的速度要比商业和制造业发展的速度迟缓得多。大部分农村的土地也许在伊丽莎白时代之前就已经得到耕种，但还有很大一部分尚未获得耕种，就算那些已经得到耕种的土地的状况也不容乐观。不过，英格兰的法律不仅因保护商业而间接鼓励农业，而且还对农业进行了直接的奖励：除去庄稼歉收的年度，谷物不但能够自由出口，而且还能获得出口津贴；在一般的收获年度，对进口外国谷物征收禁止进口的关税。除了从爱尔兰进口活牲畜之外，其他所有均被禁止，而且，准许从爱尔兰进口也是最近才发生的事。在两种最重要的土地生成物，也就是面包和鲜肉上，耕种土地的人享有一种垄断权。正如我在下面所要说的，虽然这种奖励毕竟只是一种空想，但是从这一点上至少可以看出英国立法机关重视农业的诚意。而最重要的，莫过于英格兰法律竭尽所能使其自耕农安定、独立和受到人们的尊敬。在长男继承法还没有消失、什一税依旧征收、与法律精神背道而驰的永久所有制有时仍然发挥作用的时候，英格兰尽其最大的努力鼓励农业。然而，尽管如此，英格兰农业的状况仍然如此。假设农业所获得的鼓励除了因商业的发展而间接获得的之外，便没有其他的鼓励（包括法律的直接鼓励），并假设英格兰农民的处境和欧洲其他国家一样，那么农业的情况将会是什么样呢？从伊丽莎白统治英格兰以来，迄今已有 200 多年，如此长的时期已为人类繁荣的过程中所能持续的最长时间吧。

在英格兰以商业国闻名的100年前，法兰西在对外商业中所占的份额还比较可观。按照当时人们的观念，法国的航海业在查理八世远征那不勒斯以前就已经很强大了，但是整体而言，法国的耕种和改良却不如英格兰。和英国不同，法国的法律从来没有为农业提供相同的直接鼓励。

西班牙和葡萄牙与欧洲其他国家所进行的对外商业，虽然大都是通过外国的船只运输的，但是其贸易份额并不小。西班牙和葡萄牙对其殖民地的贸易是通过本国的船只运输的，贸易额更是大，这是因为殖民地很是富裕，面积辽阔。然而，如此巨大的对外商业潜力并不会使两国产生很大的用于销售到远方的制造业，这两个国家的土地甚至还有大部分没有被开垦。在欧洲各国中，除了意大利，对外商业历史最悠久的便是葡萄牙了。

在欧洲，因对外贸易和用于销售到远方的制造业而使全国的土地实现完全耕种改良的国家，似乎只有意大利。根据圭恰迪尼所说，在查理八世入侵之前，意大利不管是平原地区最肥沃的土地还是山区最贫瘠的土地都得到了耕种。这个国家所处的地理位置，境内存在的众多独立小国，对于全国土地的耕种都不无益处。然而，那时意大利的土地耕种情况不如现在的英格兰，却也不是不可能的事情。

不管在哪个国家，从商业和制造业中获得的资本，只要没有固定在土地上，或保存到土地的耕种和改良上，都是极不可靠、极不确定的财产。说商人不一定是某一国家的公民，一点都不假。究竟在哪里做生意，对于商人而言，似乎无关紧要。如果他们在甲国受到了冷遇，哪怕是很小的一件事，都有可能导致他将资本迁往另外一个国家。随着资本的迁移，资本所维持的产业也必将随之迁移。在资本还没有以建筑物或土地的改良等方式成为土地永久的改良产物之前，绝不能说资本属于某一国家。汉萨同盟众多城市的巨额财富不知道都弄到了哪里，除了能在 13 世纪和 14 世纪的历史书中寻到蛛丝马迹之外，就再也找不到其他的痕迹。那些城市究竟在哪儿，属于拉丁文中的哪些城市，也都不能肯定。15 世纪末 16 世纪初，意大利的衰落虽然会使伦巴底和托斯卡纳所属的各个城市商业和制造业大为减少，但是其所属的农村直到现在还是欧洲人口最密集、土地的耕种和改良最好的地方。弗兰德经历了内战之后，又受到了西班牙的统治，这虽然将安特卫普、根特和布鲁日的大商业驱逐了出去，但是现在的弗兰德仍然是欧洲财富最多、人口最密集、耕种和改良最进步的地方。战争和统治上所进行的一般变革，很容易就能破坏以商业为唯一来源的致富源泉。相比而言，发现农业的改良更为稳定，因农业的改良而产生的财富则更为持久。所以，除了由于遭受敌国和野蛮国家比较强烈的欺凌一二百年而产生大变动之外，就再也没有其他能够破坏它的事件，罗马帝国衰亡前后的西欧状况便是如此。

美洲本土发明的农业机械，大大提高了农业生产效率。在那儿，将资本投入到对尚未进行改良的土地的购买和开发，既是最有利于最大资本的用途又是最有利于最小资本的用途。

第四篇
论政治经济学体系

消费者或者说其他各种生产者的利益，都被制造业者的利益牺牲掉了。

第一章

重商主义的原理

财富是由货币或金银构成的这个普遍流行的观点，是因为货币具有交易工具和价值尺度的双重作用自然而然产生的。因为货币是交易工具，所以，我们用它，可以比用其他商品更方便地取得所需的商品。因为只要有了货币，以后想买什么都很容易，所以我们时常会觉得获取货币是一件很重要的事。又因为货币具有价值尺度的功能，所以，我们常常用商品所能换得的货币来估量它的价值。我们把拥有大量货币的人称为富人，仅拥有少量货币的人称为穷人。节俭的或急于变富的人，称为爱货币的人；不谨慎的、大方的、浪费的人，称为看轻货币的人。想变得富有就是想拥有更多的货币。综上所述，从任何一点上看，财富与货币都可被视为同义语。

像富人一样，富国往往被认为是拥有很多货币的国家。贮积金银被所有的国家认为是致富的捷径。在美洲被发现后的一个时期里，西班牙人每到一个陌生海岸后问的第一个问题就是附近是否发现了金银。他们根据这个情报来判定这个地方是否值得殖民，是否有征服的价值。法国国王曾特别派遣庇亚诺·加宾诺作为使节去见成吉思汗的一个王子。据这位使节说，他们最经常问到的问题是，法国的牛羊多吗？他们的问题和西班牙人的问题目的是相同的，他们都想知道某地的财富是否值得他们去征服。他们和其他的游牧民族一样，大多数不知道货币的用处，在他们那里，牲畜就是交易的工具，就是价值的衡量尺度。所以，在他们看来，家畜便构成了财富，这正如在西班牙人看来，金银便构成了财富一样。在这两种看法中，恐怕还是他们的看法更接近于真理。

洛克先生曾经指出过货币和其他种类动产的区别。他说，其他各种动产是很容易消耗掉的，因此由这些动产构成的财富是不大可靠的。今年这种动产充裕的国家，就算一点都没有输出，但如果浪费掉了，明年这种动产就可能匮乏。相反，货币则是一个比较可靠的朋友了，尽管它也会在不同的人之间流转，但只要保证不流出国外，就不会轻易浪费消耗掉。所以，金银是一个国家动产中最可靠、最根本的部分，多获得这类金属，应该是一个国家政治经济的大目标。

另一些人却认为，如果一个国家能够脱离全世界而独立存在，那么国内流通的货币是多是少，就毫无关系了。因为各个国家货币有多少之分，所以以这种货币为流通媒介的消费可能品，也会换得或多或少的货币。他们也承认，这样的国家是富庶是贫困，实际上取决于这类消费可能品是充裕还是匮乏。但对于那些同外国有联系，并且有时不得不和外国作战，因而必须维持军队的国家，他们却又有不同的看法。他们认为，只有向国外送出货币来支付给养，才能在远离国家的地方维持军队，而只有国内有许多的货币，才能向外送出货币。所以，每个这样的国家都必须尽力在和平时期蓄积金银，这样，一旦有需要时，才会有财力支持对外战争。

因为存在这种普遍认同的观点，所以尽管没有多大的成效，欧洲各国仍竭尽全力地研究所有可能在本国蓄积金银的方法。作为向欧洲供应这些金属的主要金银矿山的所有者，西班牙和葡萄牙就曾以最严酷的刑罚或沉重的关税禁止金银输出。过去，几乎欧洲所有的国家都采用过这种禁止政策。根据我们的推测，苏格兰是不会出现这样的政策的，但是一旦考查古代苏格兰议会法律，我们不难发现，它也曾经用重刑来禁止金银的输出。法兰西和英格兰也都采用过同样的办法。

当这些国家发展为商业国时，在许多情况下，商人们会更明显地感到这种禁令造成的不便。他们向外国购买要输入本国或运往其他外国的商品时，使用金银比使用任何其他商品都更方便。因此他们反对这种禁令，认为它妨害了贸易的进行。

首先，他们说，为购买外国货物而向外输出金银，不一定会减少国内的金银量，相反，往往还会增加国内的金银量。因为，如果国内消费的外国货物额没有因此增加，那么那些货物就可以再次输出到国外，以更大的利润在那里销售出去，所以，带回来的财宝也许会比原来购买货物时输出的金银多得多。

其次，他们认为，这种禁令并不能真正起到阻止金银输出的作用，因为相对于其价值而言，金银体积很小，走私起来非常容易。他们认为，只有适当地注意所谓的贸易差额，才能防止这种输出。当一国输出商品的价值大于输入商品的价值时，外国就欠它一个差额，这是一定要用金银偿还的，从而可以增加国内的金银储量。当输入的价值大于输出的价值时，它就欠外国一个差额，这也一定是要用金银偿还的，这就会减少国内的金银量。在这种情况下禁止金银输出，不但不能起到阻止金银输出的作用，相反，还会让金银输出多一层危险，从而让金银输出多一层费用。和不禁止输出金银相比，这种禁令对于那些贸易差额上为负的国家的汇兑更不利。购买外国汇票的人，对于销售外国汇票的银行，除了要承担它运送货币的天然风险、困难和费用外，还要承担由于禁止金银输出而带来的额外风险费用。汇兑越是不利于一个国家，贸易差额也必然越是不利于这个国家。与贸易顺差的国家相比，贸易逆差的国家的货币价值必定越来越低。

商人们的观点有一部分是理由充分的，有一部分却是不合理的。他们认为贸易上的金银输出通常对国家有利是理由充分的；认为在私人觉得金银出口有利可图时，国家禁令不能防止金银输出，也是合理的；但是他们下面的观点却是不合理的。他们认为，既然自由贸易不需要政府的关心就能给国家提供适当数量的其他有用产品，因此，相比于保持或增加本国其他的有用物品量，政府更应该关心保持或增加本国的金银量。他们还认为，高汇率一定会加重他们所说的贸易差额的不利程度，导致金银出口的数额越来越大。的确，这种高汇率对于那些欠有外国债务的商人非常不利。他们在购买外国汇票时，需要支付高得多的价格给银行家。由禁令而产生的风险固然可以让银行索取一些额外费用，但是，却未必会因此而向国外输出更多的货币。这额外费用，大多是走私时在国内支付的，因此，除了所需汇出的数目外，不会让国家多输出分毫。高汇率自然会促使商人努力做到出口和进口平衡，减少高汇率需要支付的数额。此外，高汇率可以产生类似于税收的效果，也就是提高了外国货物的价格，减少其销量。所以，高汇率只会减少贸易差额的不利程度，也只会减少金银的输出数量。

尽管这样，这些观点却让人们深信不疑。它们经由商人之口到达了国会、王公会议、贵族和乡绅们，经由那些被认为了解贸易的人到达了那些自认为对这种问题一无所知的人。商人、贵族、乡绅们都知道，同外国进行贸易可以富国，但是对外贸易是如何富国的，他们却没有一个人清楚。商人们十分清楚怎么进行国外贸易让自己富裕起来，这本就是他们自己的事，但国外贸易如何让国家富起来，却不是他们关心的问题。除了在向国家申请修改与国外贸易相关的法律时，他们从来都不考虑这个问题。只有在申请修改法律的时候，他们才必须陈述国外贸易如何有利，现行法律如何阻碍这种有利的结果等。他们通常会说，外国贸易可以输送货币到国内，但外国贸易法的存在却阻碍了这种输送。裁判官听了这个说明，觉得十分满意，于是，预期的效果实现了。刚开始的时候，法国和英国只限制本国铸币的输出，解除了对外国铸币和金银块输出的禁令，恢复了它们的自由输出。在荷兰和其他一些地方，这种输出的自由甚至扩展到了本国铸币。政府关注的焦点，从对金银出口的监控，转移到了对贸易差额的监控，因为贸易差额才导致了国内金银量的增减。他们放弃了一种毫无结果的监控，转向另一种更为复杂、更为困难但却是同样毫无结果的监控。

正如没有葡萄园的国家需要从外国获取葡萄酒一样，没有金银矿山的国家也需要从外国获取金银。政府似乎没有必要特别注意某一种物品而特别不注意另一种物品。就像一个有财力购买葡萄酒的国家总能获得它所需要的葡萄酒一样；一个有财力购买金银的国家也绝不会缺少那些金属。金银就像其他所有商品一样，也需要以一定的价格购买；而且，正因为金银是其他一切商品的价格，所以其他一切商品也都是金银的价格。我们确信，脱离了政府注意的自由贸易，也会为我们提供需要的葡萄酒；我们同样确信，自由贸易总会按照我们所能购买、所能使用的程度，提供用来流通商品或用于其他用途的金银。

在所有国家，人类辛勤劳动所能购买或生产的各种商品量，自然会按照有效需求（生产商品，让商品上市，需要支付地租、劳动和利润。愿意支付所有地租、劳动和利润的人们的需求，就是有效需求）自行调节。在金银这种商品上，按照有效需求而发生的这种调节作用最为容易，也最为准确。这建立在金银体积小而价值大的基础上：金银要从一个地方运到另一个地方，从价格低廉的地方运到价格昂贵的地方，从超过有效需求的地方运到不足以满足有效需求的地方特别容易。例如，如果英国想要更多的黄金，而这种需求又是有效需求，那么只要一艘轮船就可以从里斯本或从其他可以购买到黄金的地方运来足以铸成500多万几尼的黄金50吨。但如果有效需求需要的是同等价值的谷物，那么按照5几尼换1吨谷物计算，输入这批谷物就需一艘载重为100万吨的船只，或1000艘载重为1000吨的船只——英格兰的全部海军也没有这么多。

当一国所进口的金银量超过其有效需求时，无论政府采取什么样的防范措施，都不能阻止其出口。西班牙和葡萄牙的严酷法律没能阻止金银的出口就很好地说明了这一点——来自秘鲁和巴西的源源不断的金银输入，超过了西班牙和葡萄牙的有效需求，让金银在这两个国家的价格低于邻国。相反，如果一国的金银量不能满足其有效需求，那么金银的价格就会高于邻国，就算政府不关心，金银也会输入到国内。这时，就算政府千方百计想禁止金银输入，也不可能生效。

相较于其他的货物，金银的价格更稳定的原因一部分在于许多货物因为体积较大，不能随意从一个充足的市场运至一个匮乏的市场，但是金银想要运输却很方便。当然，金银的价格也不是完全不动的，但是它的变动一般是缓慢的、渐进的、整一的。例如，有人假设（这种假设也许是没有什么根据的）欧洲在本世纪及上世纪进程中，因为金银源源不断地从隶属于西班牙的西印度输入，价值在不断地下降，但也只是慢慢地下降，要使金银的价格突然发生巨大的改变，换一种说法，要想使所有货物的货币价格迅速地涨落，就需要再出现一次像发现美洲大陆那样的商业革命。

这些暂且不论。对于一个有财力购买金银的国家，即使偶尔缺乏金银了，想方法补足金银也是比补足其他商品要更方便的。试想，如果制造业缺乏了原料，那么一定会陷入停产；如果人民缺少了粮食，那么一定会饿死。但如果一个国家缺乏货币了，那么人们既可以用物物交换，也可以用每年或每月结算一次的记账买卖，更可以用控制得当的纸币代替金银货币。尽管第一种方法很不方便，但第二种方法就比较方便了，至于第三种方法，不但不会不方便，甚至比金银货币还更为方便。所以，不论是从哪个角度来说，政府千方百计地储存国内货币量都是没有必要的。

关于缺少货币的抱怨是我们最经常听到的了。我们对于货币的需求就像对于葡萄酒的需求一样，如果想买却没有足够的费用，又没有足够可以借贷货币的信用，那么就会常常感到缺乏。而那些拥有足够资本和信誉的人，从来不缺他们所需要的，不论是货币还是葡萄酒。然而，抱怨缺少货币的人，却不一定是那些不谨慎的人。有时候，整个商业城市及其周边的城郊都会感到缺少。导致这一现象的普遍原因是过度贸易。稳重的人如果不根据其资本的雄厚程度而制订经营计划，就会像那些入不敷出的浪费者一样，既没有可以购买货币的收入，也没有可以借贷货币的信用。在计划还没有实现以前，他们的资财就已经用完了，紧接着，信用也用完了。他们四处去向别人借贷货币，但是均收效甚微。在这样的情况下，就算抱怨货币缺少的言论充斥全国，也不能真的表明国内流通的金银量已经比原来的少了，那仅仅表明有许多人想要金银但是却无力支付换取金银的代价而已。不论大小商人，在贸易利润比平时高的时候，都很容易犯过度贸易的错误。他们输出到国外的货币尽管看上去并不比平常多，但是他们用赊账的方法在国内和国外买进了比平常多得多的货物，运往远方可以赢利的市场，期望可以在付款期前收回货款。如果在付款期前没有能够收回货款，那么他们手上就既没有了可以购买货币的资财，也没有了可以借贷货币的可靠担保品。一般抱怨货币缺少的言论，起因并不在于货币缺少，而在于想借货币的人借不到，债权人担心难于索回款项吝于出借。

如果有人认为并且认真地想要去证明，财富不是由货币或金银构成的，而是由货币所购买的各种物品构成的，并且对于购买的物品来说，货币只有在购买的时候才有价值，那就太滑稽了。毫无疑问，货币是组成国民资本的一个部分，但是，正如我们以前讲过的，它通常只占据很小的一部分，而且是利润最少的一部分。

商人之所以普遍觉得用货币购买货物比用货物购买货币容易，并不是因为构成财富更主要的成分是货币而不是货物，而只是因为货币是已经获得所有人认可的交易工具，所有物品都容易和它交换——要用货物来换取货币，却不一定那么容易。而且，和货币相比，其他大部分货物都更容易磨损，如果要储存它们，往往会遭受很大的损失。另外，对于商人来说，有货物在手上和有同等价值的货币在金库中，前者更容易让商人遭遇所不能应付的需要货币的紧急情况。此外，商人的利润大多都来源于销售货物，而很少来源于购买货物，所以，他们大多数都更希望用货物交换货币，不怎么喜欢用货币交换货物。虽然个别的商人会因为丰富的物品不能及时销售出去而破产，但是这个原因却不可能让一国或一个地方破产。商人的全部资本经常是由容易磨损、消耗的货物构成的，它们生来就是要用来交换货币的，但是一个国家的土地和人民辛苦劳动所得到的生产物，却只有极少的一部分可以用来从邻国购买金银，其余大部分都是用来在国内流通和消费的。即使是送往外国的那一部分剩余产品中，也有相当大的一部分是用来购买其他种类的外国商品的，而不是用来购买金银的。所以，必须用来购买外国金银的那部分货物，就算是不能销售出去，也达不到让国家破产的地步。损失和不方便肯定是会有的，想办法补足货币也是必须的，但是，因为每年都有同样多或者是差不多同样多的可消费资本作支撑，所以每年国家土地和人民通过劳动获得的生产物是都一样或差不多一样的。尽管用货品交换货币比用货币交换货品困难一点，但是从长远的角度来看，用货物吸引货币似乎比用货币吸引货物更有把握。因为，和货币相比，货物除了可以购买货币外，还可以有许多其他用处，但是货币除了购买货物外，就没有其他任何用处了。只要有了货物，就一定会有货币，但有了货币却不一定就会有货物。购买货物的人，是为了自己使用和消费才买的，买了就不需要再卖出去了，任务就完成了；卖货物的人，在卖了货物之后，还必须再买别的东西，才算是任务真正完成，如果不再购买，就只能算是完成了任务的一半。人们需要货币，更多的时候需要的不是货币本身，而是货币所能购买的物品。

有人认为，可消费的物品很快就会被消耗破坏掉，而金银则可以储存很久，所以如果只储存不输出，就可以使金银长久地积累在国内，使国家富有，使人民富裕到不敢相信的地步。他们由此得出结论：用这种可以储存很久的商品来交换那些很容易消耗的产品对于国家是极为不利的。铁器也是可以储存很久的，如果我们不输出，也可以长久地在国内积累，从而让我国的锅釜多到让人不敢相信的地步，但是我们并不去计算用它来交换法国葡萄酒的不利之处。这样一看，我们很容易就知道，不论在哪个国家，锅釜这类用具的数量都是受它的用途制约的。不论在哪个国家，锅釜都是用来烹制食物的，所以它的数量够烹制食物就行了，再多了也没有用处。如果食物增加了，只要用增加的食物中的一部分来购买锅釜，或者来维持制造更多锅釜的工匠就可以了。同样的道理，不论是铸造成铸币当货币使用，还是制作成器皿当家具使用，任何一个国家的金银量都是受它的实际用途的制约。不论哪个国家，依赖铸币流通的商品的价值都支配着其国内铸币的数量。商品的价值增多了，立刻有一部分商品会被送到有金银铸币的外国，购买流通商品所需要增加的铸币。我们还知道，不论在哪个国家，国内喜欢奢华的家族的数量和富有程度都支配着金银器皿的数量。喜欢奢华的家族数量增多了，财富增加了，增加的财富很快就会被送到有金银器皿的地方，购买更多的金银器皿。锅釜虽然是家里所必须用到的，超出必需的锅釜虽然想办法储存起来了，但是也不能增加家人吃食物的快乐。同样，金银虽然是一个国家需要的，但如果不是国家货物流通过程中所必需的数目，即使想办法储存起来了，也不能增加国家的财富。正如支出资财购买不需要的用器不但不能提高家庭食物的质量，反而有可能减损一样，支出资财购买不必要的金银也一定会导致用于人们衣食行方面的财富的减少，从而不能像原来那样雇用人民，维持人民的生计。我们必须记得，金银无论是铸造成铸币还是锻造成器皿，都和厨房的用具一样。增加金银的用途，增加依赖金银而流通、支配、准备的消费可能品，就一定能够增加金银的数量；相反，如果通过不正常的方法增加金银的数量，那么金银的用途就一定会减少，同时又因为金银的数量受用途地制约，所以甚至会导致金银数量的减少。如果一个国家金银的储蓄量超过了国家流通所需的数量，再加上运送起来不那么容易，闲置不用损失又巨大，那么任何法律也不能阻止它输出国门。

一国要维持在异国的军队并进行对外战争，并不一定要蓄积金银。因为维持军队的不是金银，而是可消费的物品。在异国购买这类可消费物品的财力就是国内产业的年产物。换言之，就是本国土地、劳动和可消费资本的年收入。有了这些收入的国家，就能维持在异国开展的战争。

一个国家有三种不同的方法来支付在异国作战的军队的军饷。第一，把蓄积的一部分金银运往外国；第二，把制造业年产物的一部分运往外国；第三，把常年原生产物的一部分运往外国。

一个国家真正积蓄在国内的金银往往由三个部分组成：第一部分，流通的货币；第二部分，私家的金银器皿；第三部分，多年积累于国库中的货币。

一个国家从流通货币中节省下来的货币是很少的，因为流通中的货币不会有很多的剩余。不论在哪个国家，虽然每年买卖的货物价值都必须有一定数量的货币来流通并分配给真正的消费者，但是流通中却不会使用多于必要量的货币。流通的通道会且只会吸引足够的货币额充满其自身，而不能容纳超过必要量的货币。在对外战争的情况下，通常会从流通通道中取出一部分货币，但是既然有许多人被遣往国外了，那么国内需要供养的人数就减少了，国内流通的货物也相应减少了，进而流通中需要的货币也就减少了。并且，在这样的情况下，像英国的财政部证券、海军部证券、银行证券等各种纸币会开始大批地发行，代替流通渠道中的金银，从而有机会把更大量的金银送往国外。不过，用这些方法来维持对外战争是远远不够的，因为对外战争往往耗费巨大、耗时多年。

依靠熔解私人家庭的金银器皿来维持战争更是无济于事。上次战争刚开始的时候，法国曾经使用过这种办法，但这个方法所获得的利益还抵不上铸造的损失。

过去，在战争爆发时，君王累积的财宝会为国家和军队提供一个相对比较大而且持久得多的资源。但在现在，除了普鲁士国王，全欧洲几乎没有一个国家的君王把累积财宝当作一项政策。

据史料记载，本世纪的对外战争要算耗费最为巨大的了，但维持这种战争的经费却只有很少一部分来自流通货币、私人家庭的金银器皿或国库财宝。上次和法国的战争，英国花费了9000万镑以上，其中有新募的国债7500万镑，还有每镑土地税2先令的附加税，以及从还债基金中每年借用的款项。这项费用中有2/3以上用在了德意志、葡萄牙、美洲、地中海各口岸、东印度和西印度群岛等远离国土的地方。英格兰国王没有积蓄的财宝，我们也从来不曾听说有大量的金银器皿被熔解。当时，人们认为国内流通的金银不超过1800万镑。但自从最近一次金币改铸以来，大家相信那个估计有点太低了。根据我所看到或听到的最夸大的统计，我国金银合计达3000万镑。如果维持战争全部是用我国的货币来进行的，那么根据这个统计，在六七年间我国至少曾经把这个数目的全部货币运出、运回两次。如若这样的假设成立，则提供了一个最有力的证据证明政府蓄积货币的用心是多么多余。因为，根据这个假设，国内的全部货币肯定在短时间内明目张胆地作了两个来回。而在全部货币来回往返的时候，国内流通渠道却并没有显现出比平时空虚的样子。有资财换取货币的人，几乎没有感到货币的缺少。在整个战争期间，特别是战争将要结束的时候，对外贸易的利润比平时高，这个时候，在英国各地都发生了过度贸易的现象。这种现象导致了货币缺少的抱怨声。有很多人既没有财力购买货币，又没有信用可以借贷货币，缺少货币也是理所当然的。不过，拥有价值可以换取货币的人，大多数还是可以换取到金银的。

所以，上次战争巨额费用的主要来源，绝不是金银的输出，而是英国某些商品的输出。在政府或政府工作人员同一个商人签约汇款至外国时，这个商人就向国外来往通汇处开出一张期票，为了支付这张期票，他会尽力把商品而不是金银运到国外。因为运送商品出国，他可以获得很大的利润，但是运送金银出国，却没有任何利润。如果运送的英国商品，签约国家不需要，他就会想办法把商品运往其他国家，总能获得很大的利润。同时，他会买一张期票，来付清欠签约国家的款项。商人送金银之类的金属到外国购买外国商品，虽然也有利润，但这种利润并不是来源于商品的购买，而是来源于在外国所买商品回国后的转卖。送到外国的金银，既不能购买外国商品，也不可能产生利润，所以，商人会想方设法用输出商品的方法代替输出金银的方法来偿还外债。《英国现状》的作者指出，在上次战争中，英国就输出了大量货物，但却没有运回任何货物来。

除了上述三种金银外，在所有大商业国中，为了经营国外贸易，都有大量金银块交替地输出和输入。就像一个国家的铸币在特定国家内流通一样，这种金银块流通于各个商业国之间，可以被看作大商业共和国的通用货币。和一个国家铸币的流动和方向受流通于本国的商品支配一样，大商业共和国货币的流动及其方向，也受流通于各国间的商品的支配。一个国家的铸币和大商业共和国的通用货币一样，都是为了便利交易而设，前者是用于同一个国家不同个人之间，后者则是用于不同国家不同个人之间。上一次战争中，可能已经动用了在大商业共和国中流通的一部分货币。在战争期间，这种货币的运动和流向与和平时期自然是不一样的。因为战争中的交战双方均需在交战地点及其周边城郊购买战争所需的俸给和食粮，所以，战争期间，这种货币在战场附近流动得更多。英国用于这种用途的大商业共和国货币，不论多少，都必须年年购买，而购买所花费的，或者是英国商品，或者是用英国商品换取的其他国家的商品。总之，都是商品，是一国土地和人民劳动的年产物。只有它才是维持战争的根本资源。人们通常认为，那么巨额的费用只有由同样巨额的年产物供给才是合理的。在1761年，战争费用已经达到了1900万镑以上。这样巨大的耗费是任何金银蓄积都不能维持的，甚至也是任何金银的年产量都不够维系的。根据最可靠的数据，每年输入到西班牙、葡萄牙两国的金银总量也不过600万镑。就某些年份来说，这个数目就算要支付上次战争4个月的开支也是远远不够的。

军队被派往遥远的国家，它的俸给和粮食都需要在当地购买，不论是直接购买还是先购买大商业共和国的货币，再用货币购买，都需要输出本国商品。最适合为这个目的而输出的要算精巧的制造品了，因为它体积小而价值大，可以用较少的费用进行长距离的运输。一个国家如果能够每年生产出许多剩余的这种制造品输往外国，那么就算是不输出大量的金银，甚至是国库中没有大量的金银可以输出，也可以维持耗费巨大的对外战争很多年。这种情况下输出大部分剩余制造品虽然为商人带来了利润，但是对于国家却没有任何好处。因为，政府曾经为了给在外国作战的军队提供俸给和食粮而向商人购买了外国期票。不过，总有一部分剩余制造品地输出，是可以继续取回利润。战争期间，对制造品的需要会加倍。因为，第一，为了给军队购买俸给和食粮，向外国购买了期票。为了偿还期票，自然需要制造品；第二，为了购买国内通常消费的外国货物，也需要制造品。所以，在破坏性最大的对外战争期间，大部分制造业往往会繁荣起来，相反，在和平时期，却会衰落下去。试着比较一下上次战争中以及战后一段时间内英国各种制造业的情况，就可以证明以上观点。

依赖土地原生产物的输出而进行耗费巨大、耗时长久的对外战争是不太方便的。通过输出原生产物购买军队的俸给和食粮，费用太大了。而且，很少有哪个国家的原生产物除了供给本国居民的生活所需外，还会有大量剩余。所以，把大量的原生产物输往国外，就相当于夺走了人民必需的生活资料的一部分。输出制造品就不一样了。输出制造品的时候，维持制造工人的生活资料仍然在国内，输出的只是他们劳动产品的剩余部分。休谟先生多次提到古代英国通常不能进行长期对外战争的情况。那时，英国除了土地原生产物和粗糙的制造品，就没有其他东西可以用来支付军队的俸给和食粮了。原生产物供给国内消费后剩不下多少，粗制造品和原生产物的运费又巨大，所以英国不能经常进行长期的对外战争，并不是因为它缺少货币，而是因为缺少精巧的制造品。英国的商业贸易，现在是依靠货币进行的，当时也是一样。现在，流通渠道中的货币量固然与买卖次数和价值成一定比例，但是当时也是一样的。实际上，因为当时没有纸币，而现在纸币却已经代替了大部分的金银，所以那个时候，流通中的货币量与买卖次数和价值所成的比例甚至比现在还大。在商业制造业不是很发达的国家出现异常情况，臣民很少能给君主提供大的帮助。所以，这样的君主只能自己努力积蓄财宝，作为应付意外情况的资本。发达的商业国家的君主就没有蓄积财宝的必要性了，因为在紧急事件发生时，他们可以从臣民那里得到帮助。既然蓄积财宝的倾向没有那么严重了，那么自然地，他就会追随时代的风尚。他们的经费就会和领土内的其他地主一样，主要用于满足自己穷奢极欲的虚荣心。宫廷中各种毫无意义的装饰会一天多过一天，它耗费的巨大金额，不仅阻止了蓄积财宝，而且还占用了本应用于其他用途上的资财。这个时候，欧洲君主的宫廷，可以用德西利达斯描写波斯宫廷的话来描述：在那里，看得到金碧辉煌，却看不到力量；看得到奴仆，却看不到军人。

金银输入本国，不是一个国家进行对外贸易所获得的主要利益，更不是唯一利益。任何经营对外贸易的地方，都可以从中得到两种不同的利益，也就是输出本国剩余的土地和劳动年产物，换回本国需要的其他种类的物品。剩余物品的价值通过换回需要的其他种类的物品得以实现。通过这个方法，国内市场的狭隘，不会阻碍国内各工艺部门的分工达到完善的程度。同时，国内消费不完的剩余劳动生产物拥有了一个更广阔的市场，鼓励人们改进生产力，尽可能多地增加年产物，从而增加社会的真实财富和收入。这为进行对外贸易的各国做出了巨大的贡献，并且，这种贡献将一直持续下去。当然，从事对外贸易的商人，会更多地为本国人们提供需要的货物，输出本国的剩余生产物，所以，商人所在国是对外贸易的最大受益者。事实上，通商各国都将获利匪浅。把金银输入到没有金银矿山同时又需要金银的国家，固然是对外贸易的一部分，但相对来说，也是最没有意义的一部分。仅仅因为这种目的而进行对外贸易的国家，恐怕100年内也装不满一船金银。

美洲的发现确实让欧洲变得富有了，但它让欧洲变富的原因并不是因为金银的输入。相反，美洲丰富的金银资源还让金银贬值了。和15世纪相比，现在只需要付相当于当时1/3的谷物或劳动，就可以购买到同等价值的金银器皿。而且，因为金银器皿的价格变成了原来的1/3，所以不但原来有财力购买的人可以买到原来数量的3倍，而且原来没有财力购买的人也可以支付得起了，所以有财力购买金银器皿的人，也许会比从前多10倍甚至是20倍。因此，欧洲现有金银器皿的数量，和美洲金银矿山没有发现之前相比，就算是按照现在的发展速度，也多了不止3倍以上，甚至恐怕是多了20倍、30倍以上。欧洲无疑从中获得了利益，不过那真的是很小的利益。由于金银的贬值，购买同样价值的东西，现在需要支付更多的货币了。原来，我们只需要带4个便士，现在却需要带1个先令了。这也是一种不便。金银价值过高和过低都是一种不便，至于哪种不便更无足轻重，还很难判断。不过，这两种不便都不会让欧洲的情况发生根本的变化。但是美洲的发现却让欧洲发生了非常大的变化，这是为什么呢？这是因为美洲的发现为欧洲的商品开拓了一个广阔的新市场。新市场带来了分工的进步和技术的改良，这在通商范围狭小、大部分物品缺乏市场的时候是不可能发生的。随之，劳动生产力改良，欧洲各国的生产物增加，人们的实际收入和财富也增多。欧洲生产的商品对于美洲来说几乎是见所未见、闻所未闻的，美洲生产的商品对欧洲来说几乎也是一样。于是，出现了一种全新的交易，它对欧洲有利，对美洲也有利。没有人想到，这样一件本来对所有国家都有利的事情，却因为欧洲人的蛮不讲理，成了一些国家遭遇不幸的源泉。

几乎和美洲同时，经由好望角至东印度的航道也被发现了，虽然距离更远一些，但可以说是开拓了一个更广阔的国外通商市场。美洲被发现的时候只有两个民族脱离了野蛮人的状态，这两个民族在被发现后不久也被消灭了。东印度包括了中国、印度、日本等国，虽然和美洲相比，它们没有更丰富的金银矿资源，但是在其他方面，比如耕作和制作工艺和美洲的秘鲁、墨西哥等国相比则更先进，算是富庶的国家。就算我们相信西班牙作家关于秘鲁、墨西哥的夸大记载，也得承认它们比不上东印度各国。相较于和没有开化的野蛮国家，和文明富庶的国家交易，获得的价值当然要大得多。但是事实上，欧洲同美洲交易获得的利益却比同东印度交易获得的利益大得多。葡萄牙人曾经独占东印度长达一个世纪，欧洲其他国家要想把任何货物运送到东印度或者从东印度购买任何货物，都需要通过葡萄牙人间接地进行。17世纪初期，荷兰人开始侵入东印度时，随即成立了一个公司全权包办东印度的商业。英国、法国、瑞典、丹麦紧随其后进行效仿。所以，无论欧洲哪个国家，都不曾对东印度享有自由贸易的利益。这就是东印度贸易利益之所以不及美洲贸易利益的原因——东印度不能自由贸易，而欧洲各国对其美洲各殖民地实施的却是属民自由经营。那些东印度公司的排他性专营特权、深厚的财力以及从本国政府那里得到的庇护和利益，每一项都足以引起妒忌。妒忌声称这种交易是有害的，因为进行这种贸易的国家，每年都要输出大量的金银。针对这种观点，有关人士回答说，金银的不断输出，虽然确实导致欧洲整体上贫困了，但是却没有让进行贸易的国家变贫困，因为一个国家通过把换回来的货物输往欧洲其他国家得到的金银量，远远超过它输出的金银量。反对者和支持者都是以我一直在考察的普遍流行的观点为依据的，所以，关于他们，我不再多说。每年向东印度输出金银，固然可以稍微提高一点欧洲金银器皿的价值，金银铸币所能购买的劳动和商品也会有所增加，这两个结果中，前一个是很小的损失，后一个是很小的利益，都微不足道，不值得引起任何社会公众的注意。东印度的贸易既然为欧洲的商品开拓了一个市场，也可以说为其金银开拓了一个市场，那么当然也就会增加其商品的年产量，从而增加其实际财富和收入。而这种贸易，之所以一直让欧洲的财富收入增加得比较少，也许原因在于交易中处处受到限制。

我认为，输入的限制分为两种：

第一，对于供本国消费的外国产品，如果本国可以生产，那么不论从哪个国家输入，都要一律进行限制。

第二，和外国进行交易，如果贸易差额不利于本国，那么只要是从那个国家输入的，不论是哪种货物，都要一律进行限制。

这些限制，有的是通过高额关税实现的，有的是通过绝对禁止实现的。

鼓励输出的措施，有时是采用退税，有时是采用发放奖金，有时是与外国签订有利的通商条约，有时是在遥远的地方建立殖民地。

有两种情况允许退税。第一，国内制造品已经缴纳了关税或者国产税，那么在输出时，就允许将所纳税款的全部或者一部分退还；第二，输入时已经缴纳过关税的外国货品，在再次输出时允许退还全部或者是一部分的关税。

奖励金的颁发，有时是用来支持、鼓励某些新兴的制造业，有时是用来奖励、保护那些被认为应当受到特殊照顾的产业。

根据有利的通商条约，本国的货物或商人在某一特定国家内可以享有其他国家的货物和商人所不能享有的特殊待遇。

在遥远的地方建立殖民地，不仅可以给殖民地母国的货物和商人提供某些特权，而且往往获得垄断权。

以上两种限制输入的方法和四种鼓励输出的方法，就是六种主要的让贸易差额有利、国内金银量增加的方法，为重商主义所提倡。

一个葡萄牙商人正在购买肉豆蔻。对于商人而言，有货物在手上和有同等价值的货币在金库中，前者更容易让商人遭遇所不能应付的需要货币的紧急情况。

第二章

论限制输入本国能生产的商品

通过高额关税或者绝对禁止限制输入本国可以生产的商品，就在一定程度上让国内的这个产业享有了垄断权。例如，禁止从外国输入活家畜，英国畜牧业就享有了对国内屠肉市场的独占；对谷物输入征收高额关税，英国的谷物生产业就得到了同样的利益；对外国羊毛输入实行禁止，同样有利于英国的羊毛生产。尽管丝绸制造业生产所用的原料全部都是从外国进口的，但是最近它也获得了同样的利益。麻布制造业尽管还没有取得这种利益，但也正在大步地朝着这个目标前进。还有许多其他的制造业，也取得了或者是差不多取得了不利于本国同胞的垄断权。英国绝对禁止或在一定条件下禁止输入的货物种类之繁多，对于那些对关税法不熟悉的人来说，简直是不可想象的。

这种对国内市场的独占，毫无疑问极大地鼓励了国内的这些产业。它会让社会上大部分的劳动和资财不再流向它原来的方向，而是流向这些行业。但是这种办法能不能增进社会的一般产业，能不能引导国内产业向着最有利的方向发展，并不十分明确。

社会总产业不可能超过社会总资本所能维持的限度。任何个人所能雇用的工人数和他所拥有的资本必定成一定比例。同样，一个社会所有行业所能雇用的工人数也一定和这个社会的全部资本成一定比例，绝对不可能超过这个比例。任何商业条例都不能让社会产业量的增加超过社会资本所能维持的限度，它不过是改变了劳动和资财本来应该流向的方向，勉强改变了一部分资本的用途而已。至于这种人为的改变和自然的流向相比哪个对于社会更有利，却是不能确定的。

每个人都为他所能支配的资本不断地寻找着最有利的用途。他在心里所考虑的当然是自己的利益，而不是社会的利益，但是他为自己考虑的结果，自然或者说必然会引导他选出对社会最有利的用途。

首先，如果把资本投在国内产业上，能取得资本的正常利润，或者只比正常利润少一点点，那么每个人都会尽量把资本投在国内。

如果利润相等或者差不多相等，那么所有的批发商人都更愿意进行国内贸易，而不愿意进行对外贸易，但是和进行中间商贸易相比，那就更愿意进行对外贸易。投资进行消费品的对外贸易，资本常常超出商人的视野，但是投资进行国内贸易的资本，则常常在商人的视野之内。投资进行国内贸易的情况下，所委托的人品行怎么样、情况怎么样，投资人更容易弄明白，就算是偶然被骗了，对于法律上索取赔偿的手续他也更清楚。至于中间商贸易，商人的资本投资在本国以外的两个国家，没有任何部分有带回来的必要，也没有任何部分在他的支配下。

譬如，阿姆斯特丹商人投资进行中间商贸易：从克尼斯堡运送谷物至里斯本，从里斯本运送水果和葡萄酒至克尼斯堡。通常，他必须把资本一分为二，一半投在克尼斯堡，一半投在里斯本。不论是他贩卖的谷物还是水果和葡萄酒，都没有必要流入阿姆斯特丹。这样的商人自然是住在克尼斯堡或里斯本比较合适。只有在有特殊事情的情况下，他才会选择阿姆斯特丹作为住处。然而，最终他还是因为不放心远离资本，而不顾装卸货的双重费用，也不顾要支付税金和关税，把一部分货物转道运到阿姆斯特丹。他会为了亲身支配一部分资本而宁愿承担这种额外的费用。也正因为这样，在经营中间商贸易上有优势的国家，经常成为通商各国货物的中心市场或总市场。因为，为了省去第二次装卸货物的费用，商人通常都想方设法在本国市场售卖各国的货物，也就是说，尽可能地将中间商贸易变成消费品的对外贸易。同样，进行消费品对外贸易的商人，当准备把收集的货物运往外国市场时，也总乐意以同样或者差不多的利润尽可能在国内售卖一大部分。他会尽可能地把消费品对外贸易变为国内贸易，这样他就可以省去输出存在的风险和麻烦。于是，虽然由于某些特殊的原因，资本被投到了国外，但是我们仍然可以这样说，不论哪个国家，本国仍是本国居民资本流向的中心，本国居民的资本不断地流通于这个中心的周围。同样的资本，投在国内贸易上比投在消费品对外贸易上能推动更多的国内产业发展，能让更多的国内居民获得收入和就业机会。同样的资本，投在消费品对外贸易上比投在中间商贸易上更能获得上述同样的好处。所以，在利润相等或差不多相等的情况下，每个人的投资方向，大都能给国内产业提供最大的援助，从而也给本国更多的居民提供收入和就业机会。

其次，把资本用来维持国内产业的每个人，都一定会努力促进那种产业的发展，让它的生产物尽可能有最大的价值。

辛勤劳动的生产物就是劳动对象或者材料上增加的东西。雇主利润的大小是和劳动生产物的价值大小成一定比例的。用资本维持产业的人，既然把获取利润作为唯一目的，那么他自然就会努力让投入资本的产业得到最大价值的生产物，也就是能交换到最多数量的货币或其他货物的生产物。

但每个社会的年收入和它辛勤劳动全部年产物的交换价值通常是恰好相等，或者说，恰好是价值相当的东西。所以，每个人把他的资本投入到国内用来维持国内产业，并想方设法让它的生产物的价值达到最高程度，本来就和每个人竭尽所能使社会的收入最大化是异曲同工的。的确，他们通常没有促进社会利益的想法，也不知道自己曾经怎样促进了社会利益。他们愿意投资维持国内产业而不投资国外产业，只是从自身的安全出发；他们积极指导产业的发展使其生产物的价值能达到最大程度，也只是考虑到了自身的利益。和其他时候的情况一样，他们是受着一只看不见的手的指导，无意间竭力达到了一个他们从来没有考虑过的目标。他们不考虑这种目标，未必就对社会有害。他们径自追求利益，往往能更有效地促进社会利益的实现。他们如果真的总想着如何促进社会利益，结果往往达不到这样有效的程度。据我所知，那些打着为了公众幸福的旗号而经营贸易的人，并没有真正做出过多少好事。实际上，这种故做姿态的商人也并不多，我们也没有必要多费唇舌来劝阻他们。

至于哪种国内产业最适宜投资，哪种国内产业的生产物能有最大价值，因为商人本身就处在当事人的位置上，所以他们做出的判断要比政治家或立法者准确得多。如果政治家非要指导商人进行投资，那不过是多此一举，而且是在僭取一种他既不能放心地委托给任何人，也不能放心地委托给议会或者元老院的权力。把这种权力交给一个迂腐、大言不惭、越权、自认为适合这样做的人，是最危险的。

让国内产业中的某种特殊工艺或制造业单独占有国内市场，在某种程度上就是指导了商人应该把资本投到哪里。而这种限制外国货物输入本国的法规，在所有情况下，几乎都是没用或者是有害的。如果本国的生产物和外国的生产物一样便宜，那么这种法规很明显是没用的。如果价格不是一样便宜，那一般说来就是有害的了。如果购买某种商品所花费的钱比自己在家里生产所花费的钱少，那么就一定不适合在家里自己生产，这是所有英明的家中主事人都知道的道理。所以，做衣服的裁缝绝对不会自己做鞋穿，而是向做鞋的人购买；做鞋子的人也绝对不会自己做衣服穿，而是向做衣服的人购买。农民则既不会自己做鞋子也不会自己做衣服，而要雇用裁缝和鞋匠给他们做。他们都发现了，专门经营一种与其他人相比有优势的产业，再用自己生产物中的一部分或者是生产物价格的一部分购买需要的其他物品，对自己更有利。

对于个别家庭来说是明智的选择，对于国家也绝对不会是不明智的。就某种商品来说，如果自己生产比向外国购买花费的要多，那就不如经营有优势的产业，然后输出自己产业生产物的一部分向国外购买需要的物品。国家的产业总是和维持产业的资本成一定比例，所以，就像鞋匠一样，他的劳动绝对没有减少，只不过是放任它选择了最有优势的用途而已。如果一种物品购买花费的少，自己制造花费的多，那么自己制造显然就没有选择最有利的方法。按照这种假设，向国外购买花费较少，自己生产花费较多，则只需将同样的资本投入到国内生产出来的商品的一部分或者商品价格的一部分，就可以把所有需要的商品从外国购买进来。所以，如果规定了这类本国产品的垄断权，不过是让国家从自己有优势的产业转到了自己没有优势的产业，从而导致国内产业的价值不但没有如立法者所希望的那样增加，相反，可能会因此而减少。

的确，通过这种法规，有些特定的制造业会更快地确立起来，并且，一段时间之后也能以同样低廉的价格甚至是更低廉的价格生产这种产品。要让社会产业转到某个特定的有利的用途，确实可以通过法规更快捷地做到，但是，产业和收入的总额却不会因此而增加。社会的产业只会随着社会资本的增加而增加；社会资本增加多少，又取决于社会能从其收入中逐渐节省下来多少。既然这种法规的直接影响是社会收入的减少，那么和没有法规，资本和辛勤劳动自由流动时相比，社会的资本也就不可能更迅速地增加。

没有那种法规，特定制造业的确不能在社会上确立起来，但在社会发展的任何时期内，社会都不会因此而感到更贫乏。在社会发展的任何时期，它的全部资本和辛勤劳动都将投在虽然对象不同，但都是当时最有利的用途上。在所有时期内，它所投入的资本也都将提供最大的收入，因此，资本与收入都得以用最大的速度增加。

有时，在某些特定商品的生产上，某一国占有的自然优势大到全世界都认为跟它竞争是没有一点好处的。只要甲国有这个优势，乙国没有这个优势，那么相对于自己制造来说，乙国从甲国购买就更为有利。比如，拥有某种技艺的工匠，和拥有其他技艺的工匠相比，尽管他的技艺是后天得到的，但是，互相交换产品比自己制作更有利却是他们共同认可的。

垄断国内市场最大的受益者是商人与制造业者。禁止外国牲畜及腌制食品的输入，以及对外国谷物的输入征收高额关税（这在丰收年份等于禁止），虽然也对英国牧畜者与农民有利，但总体来说，有利程度比不上商人和制造业者从同类限制中得到的利益。和谷物、牲畜比起来，制造品，尤其是精细制造品，更容易从一个国家出口到另一个国家。所以，国外贸易通常都以贩卖制造品为主要业务。在制造品方面，外国商人哪怕只占有一点点的优势，也能让我国商人在本国市场上贱卖。但在土地原生产物方面，除非占有非常大的优势，否则就不能做到这个地步。在这种情况下，如果外国制造品可以自由输入，那么也许真的甚至会有几种国内制造业受到损害，甚至会有几种国内制造业因为外国制造品的冲击而完全覆灭，结果肯定会有大量的资本与劳动离开现在的用途，被迫转向其他用途。但是，就算土地原生产物实行最自由的输入，也不能对我国农业产生这么巨大的影响。

例如，就算牲畜的输入一直完全自由，但因为输入的数量非常少，所以也绝对不会对英国牧畜业产生多大的影响。活牲畜恐怕是唯一一种用海运比用陆运昂贵的商品了。因为牲畜可以行走，所以用陆运时就是自己运送自己。但用海运，被输运的除了牲畜，还有牲畜所需要的食料和饮水。这些运输起来也是要花费许多资财，承担许多麻烦的。爱尔兰和不列颠间的海程很短，因此爱尔兰的牲畜要输送到英国也比较容易。其实，就算是允许永久的自由输入（最近，已经允许爱尔兰牲畜在规定的时期内输入），不列颠牧畜者的利益也不会受到很大的影响。不列颠靠近爱尔兰海的地方，都是畜牧地，根本不需要进口牲畜。也就是说，爱尔兰的牲畜必须再越过很辽阔的一片土地，走很远的路程，才能到达其真正的市场，所以必然会花费很多，也有很多麻烦。肥的牲畜走不了那么远，所以只有瘦牲畜可以输入。这种输入不会对饲养牲畜或饲养肥牲畜地区的利益造成损害（不但不会损害，相反因为降低了瘦牲畜的价格，所以对这些地方是有利的），仅仅会损害繁殖牲畜地区的利益。英国解除对爱尔兰牲畜进口的禁止以来，因为爱尔兰牲畜进口量不多，而瘦牲畜售价又依然昂贵，似乎证明了，就连英国繁殖牲畜的地区也没有怎么受到爱尔兰牲畜自由输入的影响。据说，爱尔兰的普通人民曾经强烈反对牲畜的出口。但是，如果出口商觉得继续出口牲畜有利可图，而法律又支持他们，那么要克服爱尔兰群众的反对，是很容易的。

除此之外，饲养牲畜以及饲养肥牲畜的地区，通常是已经经过了很大改良的，但是繁殖牲畜的地区通常都是一些没有经过开垦的。瘦家畜价格的高昂可以增加没有开垦过的土地的价值，所以通常就相当于给其颁发了反对改良的奖励金。对于全境都已经改良过的国家来说，与其自己繁殖牲畜，倒不如从国外进口有利。据说，现在荷兰各地都奉行这个原则。苏格兰、威尔士及诺萨伯兰的山地，都没有多少改良的余地，似乎天生就是要做英国的繁殖牲畜场的。允许外国牲畜自由输入的唯一结果就是，让这些地方不能利用联合王国其他地方日益增加的人口与改良，不能再把牲畜价格提高到超乎寻常的高度，不能再向国内改良和开垦程度比较高的地区征收一种真实的赋税。

像活牲畜一样，腌制食品完全自由的输入，也不会对英国牧畜者的利益产生多大的影响。腌制食品不仅是体积较大的商品，而且和新鲜的肉类相比，其质量较低，但又因为耗费了较多的劳动和费用，所以价格较高。因此，外国的腌制食品虽然能够和本国的同类商品竞争，但是绝对竞争不过本国的鲜肉。它虽然是远洋航轮上需要的食物，虽然有许多用处，但在人民食物中，毕竟只占了很小的一部分。腌制食品被允许自由输入以来，从爱尔兰输入的腌制食品数量仍然不多，充分的表明我国牧畜业者根本用不着害怕这种完全自由的输入，家畜的价格，并不会明显地受到它的影响。

就算是外国谷物的输入，也不会对英国农民的利益产生多大的影响。和家畜肉相比，谷物是体积更大的商品。用4便士购买1磅的家畜肉和用1便士购买1磅的小麦，是同样昂贵的。即使是在收成不好的年份，外国输入我国的谷物数量也很少，这样的事实，可以安慰我国的农民，让他们不用再害怕外国谷物的自由输入。

用永恒、长久的法律对谷物及牲畜的输入进行限制甚至禁止，实际上，就是在规定一个国家的人口与产业永远不能够超出本国土地原生产物所能维持的限度。

增加外国产业的负担，以鼓励国内产业，似乎只有在下面两个情况下是有利的。

第一，事关国防的特定产业。对于这类产业，通过增加外国同类型产业的负担，从而促进国内同类产业的发展是很有利的。第二，本国某种特定产业的生产物如果在国内需要征收赋税，那么增加外国同类产业的负担，通常也是有利的。

先说第一种情况。例如，英国海员和船只的数量在很大程度上决定着其国防力量。所以，为了鼓励本国航海业的发展，制定《航海条例》，绝对禁止或者对外国航船征收重税，从而给本国航海业国内市场独占权就很合适。

《航海条例》对于对外贸易和通过对外贸易让国家变得富有都是不利的。一个国家在和外国进行贸易时，当然以低价买入、高价卖出才有利可图。买入的时候追求最低价格，卖出的时候追求最高价格，这和个体商人的处境是完全一样的。要想用最低的价格买入，在贸易完全自由的情况下最适合。为什么呢？因为一个国家贸易完全自由，会鼓励其他所有国家把这个国家需要的物品运来。如果想要用最高的价格卖出，也同样在贸易完全自由的情况下最为合适。因为如果买者都聚集在本国市场里，那么货物的售价就可以尽量提高。的确，《航海条例》对于从英国输出英国货物的外国船只从来没有征收过赋税。根据后来的一些法令，甚至原来进出口都要缴纳的居留税，大部分输出品都不用再缴纳了。但是这些，都不能从根本上减轻《航海条例》对对外贸易的有害影响。为什么呢？因为如果外国人被禁止来英国售卖，或者售卖时被征收了高额的关税，那么肯定也不会再来此购买了。因为空船来英国装货的外国人，一定会浪费掉他们从自己国家到英国的船费。所以减少售卖者的人数，也就是减少购买的人数。这样一来，和贸易完全自由的时候相比，我们不仅在购买外国货物的时候花得更多，而且在售卖本国货物时要赚得更少。但是，国防和国富相比要重要得多，所以，在英国各种通商条例中，《航海条例》也许是最明智的一种。

下面再说第二种情况。如果一种本国产业生产物在国内需要缴税，那么，对外国同种产业的商品征收赋税从而鼓励国内产业，通常情况下也是有利的。对外国同种产业征收等额的赋税似乎是合理的。这种办法不会让国内产业独占国内市场，也不会让流向这个产业的资财和劳动多于它所需要的。征收赋税的结果，仅仅是促使一部分的资财和劳动稍稍偏离它本来应该流向的方向。税后，本国产业和外国产业仍然像税前一样，站在差不多平等的位置上进行竞争。所以，在英国，如果对本国产业生产物征收赋税，那么就一定会对外国输入的同类产品征收更沉重的赋税，以免国内商人和制造业者发出自己商品要在国内贱卖的抱怨声。

有人认为，第二种限制不应该仅仅局限于输入本国的商品与本国的缴税货品发生竞争时，而应该进一步推广。他们认为，如果本国的生活必需品在国内缴税了，那么不但对于外国输入的这类商品征收赋税是合理的，而且对所有输入本国会和本国产业生产物产生竞争的商品征收赋税都是合理的。他们说，对这种生活必需品征收的赋税，肯定会导致其价格的提高，从而让劳动价格跟着提高。所以，虽然本国生产的其他各种商品没有直接缴纳赋税，但是却都将因此而提高价格。也就是说，这种税虽然以生活必需品作为征税对象，但是却产生了对国内所有生产物征税的效果。所以，为了要让外国输入的商品和本国的商品站在平等的位置上竞争，他们认为，对所有输入本国和本国产品进行竞争的外国产品征收赋税是很有必要的。

生活必需品税，如英国的石硷税、盐税、皮革税、烛税等，是否一定会通过提高劳动价格从而提高所有其他商品的价格，我将在后面讨论赋税时加以讨论。现在，我们就假定这种税会产生这样的结果，这种一般性的提高（因劳动价格提高，导致一切商品的价格提高）和特殊的提高（因为对特定商品征收特种赋税而导致商品价格的提高）从下面两点来说是有所不同的。

第一，特种赋税可以使商品的价格提高到什么程度，通常可以很准确地判定。但劳动价格的提高，会让各种不同劳动生产物的价格提高到什么程度，却不能准确地判定。所以，要根据国内各种商品价格上涨额度的一定比例而对各种外国商品征收赋税，不可能做到准确。

第二，生活必需品税对人民生活境况的影响，大概类似于土壤贫瘠与不良气候所产生的影响。这种用赋税提高粮食价格的方法，就像生产粮食时需要投入比平时更多的劳动和费用。在因为土壤贫瘠和气候异常引起天然的贫乏时，指导人民使用其资本与劳动当然是不合理的；在因为对生活必需品征收赋税引起人为的缺乏时，指导人民使用其资本与劳动同样也是不合理的。很显然，在这两种情况下，对人民最有利的是让他们自己思量所处的环境，即使在恶劣的情况下，也要尽可能地适应环境，在国内或国外找出比较有利的产业。他们的赋税负担已经太重了，再征收新的赋税，让他们用高昂的价格购买其他大部分产品，无疑是最不合理的改良方法。

生活必需品税在达到一定高度时是非常可恶的，它不仅相当于土壤贫瘠，更相当于恶劣的气候条件所造成的损害。这种赋税最经常征收的地方，却是那些最富庶、最勤劳的国家。其他的国家都经受不起这么大的折腾。只有最强健的体魄，才能在饮食不卫生的条件下生存并保持健康状态，所以，只有各种产业都具有最大的天然优势和后天优势的国家，才能在这种赋税下存在并兴盛。在欧洲，荷兰要算是这一类赋税最普遍的国家，但是荷兰之所以会繁荣，并不是因为有了这一类赋税，而是因为荷兰有特殊国情。

通过对外国产业征收赋税增加它们的负担从而鼓励本国产业的发

展，在上面两种情况下是有利的，但在下面两种情况下则是需要认真考虑的。第一，继续允许特定的外国货物自由输入到什么程度是合适的；第二，采用什么方式，或者说在什么程度上恢复已经中断一段时间的外国商品的自由输入是合适的。

在什么情况下需要考虑第一种情况呢？在某个国家以高额的关税或者是完全禁止的方法限制我国某种制造品输入它们国家时，我们就要考虑第一种情况了。在这种情况下，报复心理会让我们以牙还牙。通常的情况是，我们会对它们的某一种或者所有货物的输入征收高额的关税或者完全禁止。各国之间也经常这样报复。

为了撤销千夫所指的高额关税或禁令而实施的报复政策，如果能够达到撤销或废除禁令的目的，那么就可以说它是一个好政策。通常，广阔的外国市场的恢复，对于因为某种物品价格的暂时昂贵而遭受的损失来说，不仅可以得到补偿，还会有更多的好处。但是判断这种报复性政策是否能够达到它预期的目的，与其说是立法者应该具备的知识，不如说是通常所说的政治家所应该掌握的技巧。立法者的思考应该受长久不变的普遍原理的指导，政治家作为狡猾权谋的动物，才会受暂时变化的支配。在这种禁令不可能撤销的时候，为了补偿我国某一特定行业人民的损失，而把这种损害施加到我国其他行业每一个人身上实在不是一个好办法。在邻国禁止我国某一种货品输入的时候，我国通常不是仅仅禁止他国此类货品的输入，而是同时禁止多种货品的输入，以给他们施加更多的影响。这无疑鼓励了我国某些特定行业的工人，替他们排除了一些竞争者，让他们在国内市场上可以提高自己产品的价格。不过，生产被外国禁止输入的那一部分产品的工人，并没有从禁令中得到好处。相反，他们以及我国其他行业里的人们在购买某几种货品时，不得不支付更高的价格。这一类法律等于对所有人征收了真正的赋税，但收益的不是那个被外国禁止输入的行业的人们，却是其他行业的人们。

在什么样的情况下我们要考虑第二种情况？在本国的某些制造业因为能和它竞争的外国货物都被高额关税或禁止输入的法令挡在国门外，从而扩大到可以雇用很多工人的时候，就是该考虑第二种情况的恰当时机了。在这样的情况下，人道主义可能要求一步一步地、小心谨慎地、慢慢地恢复贸易自由。因为如果突然撤销高额关税或禁止低廉货品输入的限制，那么外国的货品将迅速涌进我国的市场，顷刻间就把我国许多人民的工作和生活资料夺走。这样想来，由此带来的混乱是巨大的。但是依据下面的两个理由，也许它引起的混乱并没有我们想象的那么严重。

首先，没有奖励金也会输出到欧洲其他各国的制造品，通常都不太受外国商品自由输入的影响。这种运往外国的制造品，价格一定和同品质同种类的其他外国商品一样低廉，在国内的售价也一定很低廉。因此，就算是完全恢复了自由贸易，它也仍然能控制国内市场。即使有一些爱时髦的人崇洋媚外，只因为是外国货便爱好起来，本国制造的同种货物虽然物美价廉，他们也不喜欢，但是按照事物发展的自然规律，这种愚蠢的行为怎么也不会普及到对人民的一般职业产生显著影响的地步。例如，我国的羊毛制造业、制革业、锻造业中，每年就有很大一部分制造品不依赖奖励金而输往欧洲其他各国，而雇用人数最多的制造业，也就是这几种行业。所以，既然产业不会受到影响，那么也就不会有很多人因为完全恢复自由贸易而失去生计。受到自由贸易影响最大的，也许是丝制造业，再就是麻布制造业，但后者所受损失已经比前者少得多。

其次，这样突然完全恢复贸易自由，虽然会让许多人失去他们原来从事的职业和原来熟悉的谋生方法，但并不能由此得出结论：他们将没有工作或没有了谋生的办法。上一次战争结束时，海陆军裁员，有10万以上（约相当于大制造业所雇用的人数）海陆军人忽然就失去了原来从事的职业，毫无疑问，他们会觉得困难，却并未因此就被剥夺了所有职业和收入来源。海军中的很大一部分逐渐转行，开始为商船服务。被遣散的海陆军士兵，被吸收到了人民大众中，受雇于社会的各个行业。10万以上习惯了拿武器，甚至有一些是习惯了劫掠的人，身份上经历了一次巨大的转变，但是却没有引起大的混乱，也没有见到任何地方的流氓数目增多。而且，据我所知，除了商船海员的工资以外，也没有哪个职业的工资降低了。士兵都可以这样转变身份，转换职业，那么制造业工人要重新就业，当然更容易，因为士兵一向依靠俸给过生活，制造工人则依靠劳动技能过生活；士兵习惯于懈怠和浪费，而制造工人则习惯了勤劳和实用。士兵从懈怠和浪费转变成勤劳实用是比较困难的，但是制造工人从一种劳动换成另一种劳动就简单得多了。此外，根据我们观察，所有的制造业都有一些性质相似的旁系制造业，所以工人只需要改变一下方向，很容易就可以达到就业的目的。而且这类工人有时还被雇用从事农村劳动。以前特定制造业上用来雇用他们的资财仍将留在国内，只不过换一个方式雇用同样数目的人。国家的资本依然那么多，对劳动的需要也和从前相同或大致相同，不过是资本使用的地方不同、使用的职业不同而已。被遣散的海陆军士兵，有在英国或爱尔兰任何地方从事任何职业的自由。国王下面的臣民如果都能像海陆军士兵那样，拥有选择职业的自由，换句话说，能够撤销、摧毁对自由造成实际侵害的行业垄断权和学徒法令，再撤销居住法，让在某个地方某个行业失业的工人可以在别的地方别的行业就业，而不用担心被人检举、被迫迁移，社会和个人就都不会因为某种制造业工人的偶然解散而蒙受巨大损害。制造业工人确实为国家做出了巨大的贡献，但是和用血肉保护国家的士兵来比，他们的功绩就显得小很多，所以对于他们无须特别对待。

从事大制造业的人，如果因为国内市场上突然遇到外国输入品的竞争而不得不放弃原来的产业，那么损失当然很大。一般来说，用在购买原料和支付工人工资上的那一部分资本，还比较容易找到其他用途，但是那些依附在工厂以及设备上的资本，处置起来却是很麻烦的。为了公平对待他们的利益，就要求这种变革不能冒进，而应逐步开展，在长期的警告过后再执行。立法院如果在最广大人们的幸福的指导下，不被为了片面利害关系而吵闹的要求所左右，就应该特别小心，不再建立任何新的对国内市场的垄断，也不推广已经建立的垄断。每一种这样的法规，都会在实际中扰乱国家的秩序，就算是之后进行补救，也难免会引起其他的问题。

至于在什么程度上每一种可对外国商品征收不以防止输入为目的，而以为筹集政府收入为目的的赋税，那是我以后讨论赋税时所要讨论的问题。为禁止外国商品输入，或者是为减少外国商品的输入而征收的赋税，显然是既破坏了贸易自由，也破坏了关税收入。

第三章

论重农主义，即政治经济学中把土地生产物看作各国财富的唯一来源或主要来源的学说

我觉得，关于重商主义的学说有详细说明的必要，但是，关于政治经济学中的重农主义学说，却没有详细说明的必要。

据我所知，世界上从来没有哪一个国家把土地生产物看作国家财富的唯一来源或主要来源。现在，它也只存在于法国少数博学多智的学者超脱世俗的思想中。对于一种从来也可能永远不会让世界上任何地方受到损害的错误学说，当然没有大费周章讨论的必要。不过，我将竭尽所能地描述出这个学说的大概轮廓。

路易十四时期，有一个非常有名的大臣叫科尔贝尔。他诚实正直，博学多识，而且非常勤劳，对于检查公共账表经验非常丰富，且非常准确。总之，从各个方面来说，他都能让公共收入和支出井然有序。但非常不幸的是，这位大臣抱有重商主义的所有片面观点。重商

主义学说从它的性质与本质来说，就是一种制约和管制的学说，所以，对于一个已经适应了分配各种公务、制定必要的惩罚和监管，从而让各个部分的事务不超过合理的范围，而又勤劳奋进的事务家来说，很难不投其所好。对于一个庞大国家的工业和商业，他采用了和照管各个公务部门一样的方法，也就是，他不让各个人根据平等自由、正义的计划，按照各自的方法追求各自的利益，却把超出常规的特权赋予某些特定产业部门，而对其他产业部门进行超过常规的制约。他不仅像欧洲其他大臣一样，更有力地促进城市产业的发展，而很少鼓励农村产业的发展，而且为了促进城市产业的发展，他还抑制农村产业的发展。为了让城市居民可以用低廉的价格购买到食物，从而促进制造业与对外贸易的发展，他对谷物的出口实行了完全的禁止，这样就让农村居民不能把他们生产的最重要的产业产品运送到国外市场上。这种禁令、原来各省颁布的禁止谷物在各个地方间运输的法令，再加上各个地方对耕作者强制征收的各种不合理的赋税，就抑制了这个国家农业的发展，使它不能达到按照天然情况下根据土地的肥沃程度和气候的优劣而应该发展到的程度。这种消极压抑的状态，在全国各地都能或多或少地感觉到，关于其原因也有许多人进行了专门的探讨研究。科尔贝尔鼓励城市产业发展超过鼓励农村产业的发展，似乎是原因之一。

谚语说，矫枉过正。法国各个提倡重农主义的哲学家，好像印证了这句话。科尔贝尔的政策高估了城市产业的地位，低估了农村产业的地位；重农主义者则刚好相反，他们高估了农村产业的地位，低估了城市产业的地位。

他们把在任何方面对一个国家的土地劳动年生产物做出贡献的人民分为三个阶级：土地所有者；耕作者、农民和农村劳动者——他们称这个阶级为光荣的生产阶级；工匠、制造者和商人阶级——他们这个阶级为无生产或非生产性阶级，从而表示这个阶级是不光荣的、可耻的。

土地所有者阶级，之所以会对土地年产物有所贡献，是因为他们有时会把金钱投在土地改良上，例如，花在建筑物、排水沟、围墙和其他各种对于土地的改良上。这些改良有的是建造，有的是修补，但是所有的这些，都可以让耕作者用同样的资本生产出更多的生产物，从而可以交纳更多的地租。耕作者多交纳的那一部分地租，就可以当成土地所有者投在改良土地上的资本的利润。在重农主义学说中，这种投在土地改良上的费用，被称作土地费用。

耕作者和农民之所以会对年产物有贡献，是因为他们为了耕作土地会付出一定的费用。在重农主义学说中，这种费用被称为原始费用及年度费用。原始费用包括农业用具、耕作用的家畜、种子以及至少在第一年度耕作的大部分时间（或者在土地有一些收获物以前）农民用于维持其家庭雇工和牲畜的费用。年度费用中包括种子、农具的磨损以及农民的雇工、耕畜和家人（家人中的某些人员可以被当成农业雇工）每年的维持费。交过地租后剩下来的那一部分土地生产物，需要足够补偿两个方面的费用：第一，应该足够补偿在合理的时间段，至少在他借耕的时间段内，他的全部原始费用并给他提供资本的一般利润；第二，应该足够补偿他全部的年度费用，并给他提供资本的一般利润。农民是依靠这两种资本进行土地耕作的，如果这两种资本不能正常地回到他的手上并为他提供资本的一般利润，那么和从事其他职业的人相比，他就没有和他们处在同等的地位上。从自己的利益出发，他一定会用自己最快的速度放弃这种职业，寻找其他职业。必须留给农民使他可以继续进行土地耕作的那一部分土地生产物，应该被当成农业耕作的神圣基金，如果地主侵害了这种资金，一定会减少自己土地的生产物，用不了多少年，就会让农民不但不能交纳沉重的地租，而且也没有能力交纳他本来就应该交纳的合理的地租。归地主所有的地租，应该是把原来投到土地生产中的总生产物或者全部生产物的所有费用扣除之后，剩余下来的纯生产物。就是因为耕作者的劳动在扣除了所有投入的费用之后，还能够剩余下来这种纯生产物，所以在重农主义学说中，他们才被称为生产阶级。因为同样的原因，他们投入的原始费用和年度费用才会在重农主义学说中，被称为生产性费用，因为这种费用除了可以补偿它们自身的价值外，还可以让这个剩余下来的纯生产物每年都被生产出来。

所谓的土地费用，也就是地主投资在改良土地上的费用，在重农主义学说中也被称为生产性费用。在良好的状态下，这种投入在土地上的费用，不仅会生产出自身的全部价值，而且会在一段时间之后生产出纯生产物，所以，在重农主义学说中，它也被称为生产性费用。

在重农主义学说中，只有三种费用可以被称为生产性费用，即地主的土地费用、农民的原始费用和年度费用。除此之外，其他所有的费用和所有阶级的人民，就连通常情况下最被认可是从事生产性劳动的人，也因为上述原理被认为是完全非生产性的。

在一般人看来，工匠和制造业者的辛勤劳动是可以非常大地增加土地原生产物的价值的，但是在重农主义学说中，工匠和制造业者却被当作完全不能生产的阶级。根据重农主义学说的说法，工匠和制造业者的劳动仅仅是补偿了雇用他们所花费的资本并提供了资本的一般利润而已。这里所说的资本就是雇主提前支付给他们的原材料、工具和工资，也就是雇主决定用来雇用他们并维持他们生活的资金。雇主提前把工匠或者制造业者工作需要的原材料、工具和工资租借或支付给他们，也同样提前把维系自己生活所需要的费用支付出来。通常，他提前支付的这种维持费，和他希望从产品价格上得到的利润是成一定比例的。如果产品价格不能够补偿他给自己提前支付的维持费，以及提前租借或支付给劳动者的原材料、工具与工资，那么，显而易见，他就不能补偿他所投下的全部费用。所以，制造业家所投资本产生的利润，并不像土地的地租一样，是扣除所有费用后剩余下来的纯生产物。和制造业者的资本一样，农民的资本也可以给资本的所有者提供一定的利润，但是，除此之外，它还可以给他人提供地租，制造业者的资本却不能。所以用来雇用并维持工匠、制造业工人的费用，只是能够维持自身价值的存在，但是并不能生产出任何新的价值。所以，它完全就是没有生产或者是不能生产的费用。相反，用来雇用农民或农村劳动者的费用，除了保持自身价值的存在外，还生产出了一个全新的价值——地租。所以，它是生产性费用。

和制造业资本一样，商业资本同样是没有生产或者不能生产的。它只能保持自身价值的存在，不能生产任何的新价值。它的利润也只不过是补偿了投资人在投资期间或得到报酬前为自身提前支付的维持费而已，换句话说，不过是部分地补偿了投资需要的费用而已。

对于土地原生产物全年生产额的价值来说，工匠和制造业工人的劳动并不能让它有所增加。的确，他们的劳动会让土地原生产物中某一特定部分的价值有所增加，但是他们在劳动时需要消耗掉原生产物的其他部分。他们消耗掉的那一部分土地原生产物的价值，恰好等于他们让另一部分土地原生产物增加的价值。所以，不论在任何时候，工匠和制造业劳动者的劳动，都不能让土地原生产物的全部价值有任何的增加。例如，制造一对花边的人，有时可能会把价值只有1便士的亚麻价值提升到30镑。乍一看，他似乎是把一部分土地原生产物的价值提升了约7200倍，但是实际上，他没有让土地原生产物全年产额的价值有任何的增加。制造这种花边，可能需要他花费两年的时间。在花边制造完成后，他得到的那30镑，也只是可以补偿他这两年中垫付的生活费用罢了。他每天、每月或每年的劳动让亚麻增加的价值，也只是补偿了他这一天、一个月、一年垫付的生活费用的价值。所以，不论在什么时候，他都没有让土地原生产物全年产额的价值有任何的增加。他不停地消费的那一部分土地原生产物的价值，总是等于他不停地生产出来的那一部分价值。被雇用来从事这种耗费巨大而又不重要的制造业的人，大多数是穷困的。这种现象让我们相信，通常情况下，他们生产出来的制造品的价格，并不比他们生活所耗费的价值大。但是农民和农村劳动者的工作就不是这样了。通常情况下，他们的劳动在扣除用来偿还自身的全部消费价值和维持雇主的全部费用外，还会有剩余价值成为地主的地租。

工匠、制造业工人和商人，只能通过节省的方法来促进社会收入和财富的增加，或按重农主义学说的说法，只能通过制约自己的方法，也就是通过减少自己生活资料和资金一部分的方法，来促进社会收入和财富的增加。所以，如果他们不能每年节省下来一部分，如果不能每年减少自己的生活资料和资金，那么他们的劳动就不能让社会收入和财富有任何的增加。相反，农民及农村劳动者却可以一方面占有自己生活资料和资金的全部；另一方面又增加社会的收入和财富。扣除提供给自己的生活资料外，他们的劳动每年还能产出一部分纯生产物。这种纯生产物的增加，一定可以让社会收入和财富增加。所以，在地主和农业耕作者占人口大多数的国家，例如法国和英国，可以通过辛勤劳动又不影响正常生活的情况下就变得富有；相反，在商人、工匠和制造业工人占人口大多数的国家，例如荷兰和汉堡，只有通过减少生活资料和资金而让国家变得富有。具体情况不同，利害关系就会不同，从而，国民的一般共性也不一样。在第一种国家中，宽宏大量、坦诚相待和友好相处，会成为国民一般共性的一部分。在第二种国家中，人们会讨厌所有社会性的娱乐和享受，心胸狭窄、人品低劣和自私自利会成为国民一般共性的一部分。

用来维持和雇用非生产性阶级（也就是商人、工匠和制造业工人阶级）的费用都是由其他两个阶级（也就是地主阶级和农业耕作者阶级）提供的。非生产性阶级工作的材料、生活的资料和资金、工作时需要消费的谷物和家畜等都是由生产阶级提供的。非生产性阶级所有要支付给工人的工资以及雇主的利润，最后也都需要由生产阶级提供。严格说起来，这些非生产性阶级雇用的工人和雇主，都是地主和农业耕作者的佣人。他们与家仆的区别，只是在于一个在户外工作、一个在户内工作，但他们都是仰仗同样的主人支付工资过活的。他们的劳动，同样是完全没有生产或不能生产的，同样不能让土地原生产物总额的价值有任何的增加——不但不能让总额的价值有任何的增加，相反还需要由这个总额支付它们的开销。

不过，对于地主阶级和农业耕作者两个生产阶级来说，这些非生产性阶级不仅有用，而且非常有用。正是因为有了商人、工匠和制造业工人的非生产性劳动，地主和农业耕作者才可以用较小量的劳动产品去购买需要的外国商品或者是本国生产物——如果他们尝试自己进口或制造这些商品，所要付出的劳动会多得多。正是因为有了非生产性阶级，地主阶级和耕作者才可以心无旁骛地耕作土地，而不用分心考虑其他事情。心无旁骛让耕作者可以生产出更多的土地原生产物。这更多的土地原生产物足够补偿生产阶级自己以及地主雇用并维持非生产性阶级的全部花费。商人、工匠和制造业工人的劳动，虽然从它自身性质来说是完全不能增加生产的，但是它通过这种方式间接地促进了土地原生产物的增加。他们的辛勤劳动可以让生产阶级专心致志地从事自己的职业，也就是土地耕作，从而增加生产阶级的生产能力。耕作土地这项业务，一次次地借助不以土地耕作为业务的人的劳动，而发展到了更加简单、更加优秀的地步。

不论从哪个方面来说，制约或者妨害商人、工匠及制造业工人的产业，都不符合地主阶级及农业耕作者的利益。非生产性阶级越自由，他们之间各种职业的竞争越激烈，其他两个阶级就越可以用更低廉的价格购买到需要的外国商品及本国制造品。

制约其他两个阶级的发展，也绝对不符合非生产性阶级的利益。用来维持并雇用非生产性阶级的，是扣除掉维持农业耕作者需要的部分和维持地主阶级需要的部分之后，剩下来的那一部分土地生产物。剩下来的这一部分土地生产物越大，就越能够促进非生产性阶级生活水平的提高。建立起完全合理、自由、公平的制度，是让这三个阶级同时发展到最繁荣程度的最简单又最行之有效的方法。

在像荷兰和汉堡那样的国家，商人、工匠和制造业工人这一非生产性阶级占了国家人口中大多数，他们也是由地主及农业耕作者维持和雇用的。唯一的区别在于，为这些非生产性阶级提供维持和雇用费用的地主和农业耕作者离他们特别远。也就是说，他们是由其他国家的地主和农业耕作者提供工作原料和生活资料及资金的。

但是这样的商业国的存在，对其他国家的居民不仅有用，而且非常有用。其他国家的地主和农业耕作者本应该在自己国家内找到商人、工匠和制造业工人的，但是因为国家政策的某些缺陷，他们在国内找不到这些人。商业国的存在，让这些国家政策上的缺陷得到了一定程度的弥补。

对于这种商业国家的贸易和它所提供的商品征收高额的关税，从而达到损害或者是制约这种商业国家产业发展的目的，绝对不符合那些农业国（如果可以这样称它们的话）的利益。征收关税提高了这些商业国家商品的价格，对于要用来购买这些商业国家商品的农业国家的土地生产物来说，就相当于降低了其真实价值。这种关税产生的唯一作用，就是阻止了这种土地剩余生产物的增加，从而妨害农业国土地的改良和耕作。相反，允许所有的商业国家进行完全自由的贸易，就相当于提高了农业国土地剩余生产物的价值，鼓励了土地剩余生产物的增加，并从而成为促进土地改良和耕作的行之有效的方法。

这种完全的贸易自由，会在合适的时候给农业国提供它们缺少的商人、工匠和制造业工人，使它们的这类缺少得到最有利、最合适的补充。这也是最行之有效的方法。

随着土地剩余生产物的不断增加，到了一定时候，它所创造出来的资本一定会有一部分超过正常利润率下应该投资在土地改良和耕作上的资本。多出来的那一部分资本，就会自动在国内转投到雇用工匠和制造业工人上去。因为国内工匠和制造业工人可以在国内找到工作需要的原材料和维持生活的资料及资金，所以，就算他们的技术与娴熟程度都比较低，也可以立刻就像商业国家的同类工匠与制造业工人那样，用同样低廉的价格制造出商品，因为商业国家的工匠和制造业工人必须从距离自己很远的地方得到自己需要的工作原料和维持生活的资料及资金。在农业国工匠和制造业工人的技术和娴练程度还比较低的时候，当然会有一段时间不能像商业国的工匠和制造业工人那样，用同样低廉的价格生产出制造品，但是也许在农业国的国内市场上，他们可以用和商业国工匠与制造业工人同样低廉的价格销售他们的制造品，因为商业国家的工匠和制造业工人需要从很远的地方把他们的货物运过来。而且，当农业国工匠与制造业工人的技术和娴熟程度得到改进以后，他们很快就可以用更低廉的价格销售其制造品。于是，用不了多久，商业国的工匠和制造业工人就会在农业国遇到竞争对手，又用不了多久，商业国的工匠和制造业者就不得不把自己的制造品低价销售，从而被排挤出农业国的市场。随着农业国工匠技术和娴熟程度的逐渐改进，其制造品价格会越来越低廉，这将会在适当的时机让农业国工匠和制造业工人的制造品走出国门，也就是可以在很多外国市场上销售，并且用同样的方法，逐渐把商业国的许多制造品排挤出市场。

随着农业国土地原生产物及制造品的不断增加，到了一定时候，它所创造的资本一定会有一部分超过正常的普通利润率下应该投在农业和制造业上的资本。多出来的那一部分资本，会自动转投到对外贸易上，把超过国内市场需要的那一部分剩余的土地原生产物和制造品运送到外国去。就像农业国的工匠和制造业工人比商业国的工匠和制造业工人更有优势一样，在出口农业国的货物的时候，农业国的商人也比商业国的商人更有优势。在商业国的商人必须从遥远的地方寻找货物、原料和食品的时候，农业国的商人却可以直接在国内找到这些东西。所以，就算农业国商人的航海技术和娴熟程度都比较落后，他们也能够用同样低廉的价格在外国市场上销售他们的货物。如果农业国商人和商业国商人的航海技术和娴熟程度一样了，那么前者就可以用更低廉的价格销售他们的商品。所以，在这个外国贸易部门中，用不了多长时间，农业国商人就可以和商业国商人进行竞争，并在恰当的时机把商业国商人完全从这个商业部门排挤出去。

根据这个自由宽松的学说，一个农业国家要想培养自己国家的工匠、制造业工人和商人，最好的方法就是给所有国家的工匠、制造业工人和商人贸易自由的权利。这样，就可以提高本国土地剩余生产物的价值，并逐渐形成一种资金。这种资金在恰当的时机一定会培养出农业国需要的各种工匠、制造业工人和商人。

相反，如果一个农业国通过征收高额关税或者是禁止进口的方法限制外国商人进行贸易，那么就一定会在两个方面损害自己的利益：第一，征收高额关税会让外国商品和所有制造品的价格提高，从而会让用来购买这些外国商品的农业国土地剩余生产物的真实价值降低；第二，禁止外国商品的进口就相当于把国内市场的垄断权给了本国商人、工匠和制造业工人，这种垄断会提高这些产业的利润率，让它们高于农业的利润率，从而会从农业上吸走一部分资金到工商业上去，或者是会把一部分原来准备投在农业上的资本吸引到工商业上去。所以，这个政策通过两种不同的方法损害了农业的发展：首先，让农产品的真实价值降低，从而也让农业的利润率变低；其次，提高农业之外其他所有产业的利润率。因为农业将成为利润比较少的行业，而商业和制造业将成为利润比较高的行业，从自身利益出发，每个人都会竭尽所能地把自己的资本和辛勤劳动从农业转投到商业和制造业上。

和实行完全的贸易自由相比，农业国家也许可以通过这种制约政策更快地（事还不是很确定）培养出本国的工匠、制造业工人和商人，但是这是用一种早熟的方法（如果这样说合适的话），在时机还没有完全成熟时过早地培养起来的。用过快的速度培养一种产业，结果就会抑制另外一种更有价值产业的发展。用过快的速度把一种只能补偿所投入资本并提供一般利润的行业培养起来，结果就会抑制另外一种除了补偿资本并提供资本的一般利润外，还能生产一个纯生产物作为地主自由地租的产业的发展。如果对于完全没有生产或者完全不能生产的劳动进行过多的鼓励，那么就一定会抑制生产性劳动。

至于根据重农主义学说、全部的土地年产物是怎样在上面所说的那三个阶级（地主阶级，耕作者、农民和农村劳动者，工匠、制造者和商人阶级）之间进行分配的，为什么非生产性阶级的劳动只能补偿它所消费的价值，而不能增加土地原生产物全年生产额的总

人当作家仆一样，也是完全不恰当的。家仆的劳动不能使雇佣和养活他们资金持续存在。雇佣并维持他们的生活的费用全部都是主人支付的，他们的劳动不具备补偿这种费用的性质。家仆的工作通常都是些做完立刻就会消失的事情，不能附着也不能体现在任何可以销售的产品上，从而补偿雇用和维持他们生活的价值。相反，工匠、制造业工人与商人付出的劳动却都会自然而然地附着并体现在那些可以销售的产品上。因此，在探讨生产性和非生产性劳动那个章节中，我把工匠、制造业工人和商人归到了生产性劳动者中，而把家仆归到了没有生产或者不能生产的劳动者中。

第三，不论根据哪种假设，认定工匠、制造业工人和商人的劳动没有增加任何的社会真实收入似乎都是不合适的。例如，就算我们假设（就像重农主义学说假设的那样）工匠、制造业工人和商人阶级每天、每月或每年消耗的价值，刚好等于他们每天、每月或每年生产的价值，那么也不能因此就断定他们的劳动没有让社会的真实收入、社会上土地和劳动的年产物有任何的增加。

拥护重农主义学说的人经常说，工匠、制造业工人与商人的消耗等于他们所生产的价值。在这样表述的时候，他们的意思也许是，用来供工匠、制造业工人与商人消费的收入等于他们生产的价值。如果他们的表述更贴切一些的话，也就是说，如果他们的表述是，这个阶级用来供自己消费的收入等于他们生产的价值，读者们也许更容易想到，这个阶级如果从自己的收入中节省一部分下来，一定会或多或少地增加社会的真实财富。但是，为了要表述得掷地有声一点，他们不得不按照现在这样表述。但是，就算事情真像他们假设的那样，也是非常不贴切的。

第四，农民及农村劳动者只有通过节俭，才能增加社会的真实收入及土地和劳动的年生产物，在这个方面，他们是和工匠、制造业工人及商人一样的。不论在什么社会，土地和劳动的年生产物都只能通过两种方法增加：第一，本社会中实际雇用的有用劳动的生产力的改良；第二，社会中实际雇用的有用劳动的量的增加。

有用劳动的生产力改进与否受两个因素影响：劳动者自身能力的提升、劳动者工作使用机械的改进。和农民及农村劳动者要进行的工作相比，工匠及制造业工人的劳动可以进行更精细的分工，每个工人要从事的工作就可以更加简单，因此在工匠和制造业上，这两个方面（劳动者自身能力和劳动者使用的机械）都可以提升和改进到比农民和农村劳动者更高的程度。所以，在有用劳动的生产力改造方面，耕作阶级和工匠及制造者阶级相比，并没有优势。

社会中实际可以雇用的有用劳动量的增加，完全是由雇用有用劳动的资本的增加决定的，这种资本的增加量又一定等于资本管理人和资本出借人从自己的收入中节省下来的数目。如果真像重农主义学说假设的那样，商人、工匠和制造业工人会本能地比地主及耕作者更加倾向于节省和存储，那么和地主及耕作者相比，他们就一定更能增加社会可以雇用的有用劳动量，从而更能增加社会的真实收入及土地和劳动的年生产物。

第五，就算真像重农主义学说设想的那样，一个国家居民的收入全部都是由其国民劳动所能得到的生活资料组成的，那么在其他条件都一样的情况下，工商业国家的收入也一定远远大于农业国家的收入。和自己国家土地在当前的耕作状态下可以提供的生活资料相比，工商业国家可以通过工业和商业每年从其他国家进口更多的生活资料。虽然城市居民通常没有土地，但是他们可以通过自己的辛勤劳动吸引到大量的土地劳动原生产物。他们不仅利用这个途径获得工作原料，而且还利用这个途径获得用来购买生活资料的资金。城市与其周边农村的关系，通常情况下就相当于一个独立国家和其他独立国家的关系。荷兰就是利用这个方法从其他国家得到它需要的大部分生活资料的：它们从霍尔斯廷和日德兰获得需要的活牲畜，几乎从全欧洲获得谷物。因为少量的制造品就可以购买到大量的土地原生产物。所以，工商业国家只需要用少量的本国制造品就可以交换到大量的外国土地原生产物。相反，那些没有工商业的国家，却需要耗费大量的土地原生产物才能交换到少量的外国制造品。工商业国家出口的制造品只能维持少数人的生活，只可以供少数人使用，但是进口的却是可以维持大量人生活和使用的生活资料及消费品。没有工商业的国家出口的是可以维持大量人生活和使用的生活资料及消费品，但是，进口的却只是可以维持少数人生活和使用的生活资料及消费品。和自己国家土地在当前的耕作状态下可以提供的生活资料相比，前一种国家的居民可以享受到更多的生活资料，后一种国家的居民能享受的却是数量少得多的生活资料。

虽然重农主义学说有许多缺点，但是在政治经济学体系下的众多学说中，这个学说也许是最接近真理的。因此，所有想要认真研究政治经济学原理的人，都需要认真地关注这个学说。这个学说只把投入到土地上的劳动看作生产性劳动固然是有些狭隘的，但是这个学说认为一个国家的财富并不是由不能消费的货币财富组成，而是由社会劳动每年再生产出来的可以消费的货物组成并认为完全的贸易自由是最大限度地增加再生产唯一有效的方法等论点，却是不论从哪个方面说都是公正的。拥护这种观点的人特别多，大多数的人都喜欢新奇的言论，从而显得自己的看法超出了一般人的理解。所以，重农主义学说标新立异地提出制造业劳动是非生产性劳动，也许也是它赢得很多人拥护的重要原因之一。在过去数年间，这些拥护重农主义学说的人，竟然组成了一个非常重要的学派，并在法国的学术界获得了“经济学家”的称谓。他们出版的作品，把许多原来从来没有人深入研究过的问题摆到了公众面前，让大家讨论，并促进政府在一定程度上鼓励农业的发展，因此他们对于自己的国家的确做出了不小的贡献。因为他们的这种学说，法国农业原来遭受的一些压迫得到了解除：任何未来的土地购买者或所有者都不能侵犯的租期，已由9年延长到了27年；原来同一个国家不同省份间谷物运输所受到的限制已经完全废除了；在所有的情况下，都可以自由地出口谷物到外国去的规定也在王国的普通法中确立了。这个学派中，有不计其数的著作，不仅研讨真正意义上的政治经济学（也就是研讨国民财富的性质和原因），而且还讨论国家政府组织中各个部门。所有的这些著作，几乎都照搬了魁奈的学说。因此，他们的著作中，有很大一部分都是一样的。

近代欧洲奉行的政治经济学，相对来说都对制造业和对外贸易（也就是城市产业）比较有利，对于农业（也就是农村产业）比较不利。欧洲以外的国家则实行了另外一种政治经济学，也就是对农业比较有利，对于制造业和对外贸易比较不利。

中国实行的政策，就是在所有的产业中特别保护农业。在欧洲大部分地方，工匠的处境要比农业劳动者的处境好，但是，据说在中国，农业劳动者的处境远比工匠要好。在中国，每个人的欲望都是占有一些土地。据说，在中国，租借条件非常简单而合适，对于租借人来说又非常有保障。中国人比较轻视对外贸易。当俄国公使兰杰到达北京请求进行通商时，北京的官员就经常对他们说："你们乞食般的贸易！"除了跟日本进行贸易往来外，中国人几乎完全没有自己或用自己的船只跟外国进行过贸易，就连允许外国船只进出的港口，也只有一两个。所以，在中国，对外贸易就被制约在了一个非常狭小的范围里，如果中国的对外贸易稍微自由一点，那么由本国船只和外国船只开展的对外贸易一定会大得多。

因为通常情况下，制造品体积小而价值大，从一个国家运到其他国家时可以比运送大部分的原生产物花费更少的费用，所以几乎在所有国家，它们都是进行对外贸易的主要物品。而且如果一个国家的国内市场不能像中国那么广阔而有利的话，那么制造品也常常需要通过对外贸易进行销售。如果没有广阔的国外市场，那么在国土面积不大，只能提供狭小国内市场的国家（或者是因为国内某生产物不能自由销往国内各地，或者是因为国内各个地方间交通不方便的国家），制造业就不可能会有很好的发展。需要谨记的是，制造业是通过分工日臻完善的，而制造业所能实行的分工的细化程度，又一定是由市场范围决定的。关于这一点，我们以前说过。中国国土面积辽阔，人口数量众多，气候多种多样，生产物丰富多样，国内各个地方间水陆交通都很便利，所以仅这个国家的国内市场，就可以维持一个很大的制造业的发展，并且让制造业的分工达到一定的细化程度。从面积来说，中国的一个国内市场并不比全欧洲各国的市场小多少。如果除了国内市场，中国再拥有一个世界其他各个地方的国外市场，那么这个更广阔的国外市场，一定可以让中国的制造品大大增加，让它的制造业生产力大大提升。如果这种对外贸易中的大部分还由中国的船只负责经营，那么尤其会达到这种效果。而且，通过广泛的航行，中国人自然可以学到外国各种机械的使用方法和制造方法，以及世界上其他各个国家在技术上、产业上的改进。但是在中国现在的状态下，却是除了模仿它们的邻国日本外，再没有机会模仿外国从而改良自己了。

古代埃及和印度政府所实行的政策，似乎也是对农业比较有利，而对农业之外的其他产业比较不利。

在古代埃及和印度，人民都被划分成一些不同的阶级或者部族，按照由父亲传给儿子的方法，世袭某一个或者是某一种特定的职业。

僧侣的儿子一定还是僧侣，士兵的儿子一定还是士兵，农业劳动者的儿子一定还是农业劳动者，织工的儿子一定还是织工，缝工的儿子一定还是缝工，依此类推。在这两个国家中，僧侣阶级的地位都是最高的，其次是士兵，而农民及农业劳动者阶级的地位都比商人及制造业者阶级的地位高。

这两个国家的政府都是特别重视农业利益的。古埃及国王为了让尼罗河的灌溉可以在各个地方间合理分配而建设的水利工程是闻名于世的；它的遗迹一直到现在也还是旅游者们赞叹的对象。古代印度的各个王公为了让恒河的灌溉可以在各个地方间合理分配而建设的水利工程，虽然没有古埃及的有名，但也是很伟大的。所以，这两个国家就算偶尔会有缺少粮食的情况，但是，总的来说，还是会因为生产大量的粮食而名扬天下。虽然这两个国家都是人口稠密的地区，但是就算在收成一般的年份，也都会有大量的谷物出口到邻国去。

埃及和印度几乎完全是依靠外国航海业把它们的剩余生产物运送出去的。这种对于外国航海业的依赖，一定会制约国外市场，从而一定会阻碍剩余生产物的增加，但是对于制造品增加的阻碍一定会超过对于原生产物增加的阻碍。因为和土地生产物最重要的那一部分相比，制造品需要的市场要大得多。一个鞋匠一年可以制造300多双鞋，但是他和他的家人一年也许连6双鞋也穿不了。所以他至少还需要50个像他这样的家庭来购买自己的产品，否则，辛勤生产出来的产品就没有办法销售完。不论是在哪个国家，工匠（就算是人口最多的那一类工匠）在国家总人口中的比例，也很少有超过2%或者是1%的。但是，在英国和法国那样的大国，根据一些作家的统计，从事农业的人口占国家总人口1/2，根据另外一些作家的统计，这个比例为1/3，据我所知，没有哪一个作家统计出来的比例是在1/5以下的。既然英国和法国的农产品主要是在国内消费掉的，那么这样算来，每一户农民只需要一户或两户，最多不超过四户像他一样的家庭来购买农产品，就可以把自己的农产品销售完。所以，和制造业相比，农业更能在市场比较小的恶劣条件下维持生存。的确，对于古埃及和古印度来说，狭小的外国市场，因为国内航运的繁荣和便利（对于本国的生产物来说，国内航运的繁荣和便利十分有利地开放了整个国内市场）得到了一定程度的弥补。而且，因为印度国土面积广阔，所以它能提供的国内市场也非常大，足够维持许多种类的制造业的发展。但是因为古埃及国土面积比较小（没有英国大），所以不论在什么时候，国内市场也都比较小，不能够维持许多种类的制造业的发展。所以，孟加拉（印度出口谷物最多的一个地方）之所以引起人们的注意，与其说是因为它出口了很多的谷物，不如说是因为它出口了很多的制造品。相反，古埃及虽然也出口了一些制造品，尤其是精麻布，但是它最终还是因为出口大量的谷物而闻名遐迩——有很长的一段时间，它都是罗马帝国的粮仓。

中国、古埃及和印度各个时代的君主，全部或者大部分的收入都来自地租或者是地税。就像欧洲的什一税一样，这种地租或者地税也由包含了一定比例（据说是1/5）的土地原生产物构成，或者是直接用实物支付，或者是估算过价格之后用货币支付。根据每年农作物的收获情况的不同，这种地租或地税也是各不相同的。这样一来，这种国家的君王就特别重视农业的利益，因为他们年收入的增加还是减少，完全是由这一年的农业收成决定的。

不论对哪个国家来说，城市和农村之间的贸易都是最大、最重要的贸易。城市居民需要的工作材料及用来购买生活资料的资金，都需要依靠农村的原生产物进行供给；而把一部分适合现在使用的制成品，作为输送过来的农村原生产物的代价送还到农村。这两种人之间的贸易，说到底，其实就是一定数量的农村土地原生产物和一定数量的制造品之间的交换。制造品的价格越昂贵，土地原生产物的价格也就越低廉。不论在哪个国家，提高制造品的价格，就相当于降低了农村土地原生产物的价格，就会阻碍农业的发展。一定量的农村土地原生产物或者它的价格能购买到的制造品的数量越少，它的交换价值就越小，对地主改良土地和农民耕作土地产生的鼓励作用也一定越小。此外，不论在哪个国家，会让工匠及制造业工人减少的事情，就会让国内市场（也就是农业土地生产物所有市场中最主要的市场）缩小，从而阻碍农业的发展。

所以，为了促进农业的发展而特别重视农业，并制约农业以外其他产业发展的学说，最后产生的结果都会和它的出发点相悖，间接地防碍它们本来要鼓励的产业的发展。从这个方面来说，重农主义学说造成的矛盾比重商主义造成的矛盾还大。重商主义学说尽管让社会上一部分资本从比较有利的行业转投到了利益比较少的行业，但是，它确实促进了商业的发展。而重农主义学说最终却阻碍了它想要促进的农业的发展。

这样看来，任何一种学说，如果为了要鼓励某种特定产业的发展就违反自然趋势，吸引超过正常情况下的资金流向那个产业，或者对某个特定行业的发展实行制约，违反自然趋势，迫使原来要流向它的资金流向其他产业，最后都会事与愿违，不能达到它想要达到的目的。这些做法只会减慢而不是加快社会变得富有的步伐，只会减少而不会增加土地和劳动年生产物的总价值。

任何特别鼓励或者是制约的政策一旦废除，最简单最纯粹的自由贸易制度就会自然而然地确立起来。在不违背公正的法律的前提下，每一个人都应该完全自由，可以用自己的方法追逐利益，并通过自己的辛勤劳动和资本与任何其他人或其他阶级进行竞争。君主们在履行监督、指导私人产业使它们符合社会利益的义务的时候，非常容易犯糊涂，并且这项义务要履行得恰如其分，恐怕不是人类的才智和知识可以完成的，所以，君主们应该完全放弃这种义务。根据自然的自由制度，君主需要履行的义务只有三项：一、保护社会，使它不会受到来自其他独立社会的侵害。二、竭尽所能地保护社会上的每个人，使他们不用受到社会上的其他个人的欺负或者是迫害，建立公正严明的司法行政机关。三、建设并维护一定的公共事业和公共设施。这种公共事业和公共设施的建设与维护，在由整个社会管理时，通常会足够补偿所投入的花费而且还会有节余。但是如果由某个个人或者少数人管理，那么就绝对不能补偿所投入的花费，所以绝对不适合任何个人或者少数人进行的。

要恰当地履行以上三种义务，肯定需要一定的费用；而这一部分的费用，肯定需要一定的收入来供给。所以，在下一篇，我将尽力说明下面几件事：第一，君主或国家需要的费用到底是什么，其中，哪些部分应该由全社会缴纳赋税支付，哪些部分应该由社会内特殊部分或者是特殊人员缴纳赋税支付；第二，应该由全社会支付的费用，应该用什么样的方法向全社会征收赋税，同时，这些方法的利弊分别是什么；第三，为什么近代各国政府都会用这种收入的一部分抵押借债，这种债务对于社会的真实财富和社会土地劳动年生产物有什么样的影响。

第五篇
论君主或国家的收入

专属于君主或国家的收入来源，

由资财和土地组成。

第一章　论一般收入或国家收入的来源

第一节　专属于君主或国家的收入来源

专属于君主或国家的收入来源，由资财和土地组成。

和其他拥有资财的人一样，君主也通过两种方式获得收入：亲自使用这笔资财获得利润，将这笔资财借贷给别人获取利息。

可以说，商人性格和君主性格是两种最不相容的性格。如果东印度公司的商人精神让他成了非常差劲的君主，那么君主的精神也会让他成为非常差劲的商人。当这个公司专门以商人的资格经营时，它是成功的，并且可以在获得的利润中给公司的各个股东提供一些红利。但是，自从开始统治当地以后，虽然说原来有300万镑以上的收入，但是为了避免当前破产，仍然不得不多次请求政府临时性的援助。原来，这个公司在印度的工作人员都认为自己是商人的伙计，现在，他们却都认为自己是君主的钦差。

一个国家的一部分收入，通常来自货币的利息和资本的利润。如果这个国家有一些财宝，它就会把这财宝的一部分借贷给外国或者是本国的臣民。

只有那些稳定的、不动的、持久的收入，才能维持政府的安全和尊严，至于那些不稳定的、随时可能消失的资本和信用，是绝对不适合作为政府的主要收入来源的。所以，比游牧国家进步的所有大国政府，从来都不从这种来源中得到公共收入的大部分。

土地是一种比较稳定和持久的来源。所以所有比游牧国家进步的国家，都把国有土地的地租作为主要的收入来源。古代希腊和意大利的各共和国就是这样。这些国家大部分必要费用的支出，有很长一段时间都是来自国有土地的生产物和地租。而原来欧洲各国君主大部分的收入，也有很长一段时间是来自国王领地的地租。

在近代，战争和为战争做准备这两件事，占据了所有大国必要费用的大部分。但是在古代的希腊和意大利各共和国，每个市民都是战士，服兵役和为服兵役做准备都自备费用，国家不需要支出很多费用。所以，一项数额不大的所有地的地租，对于应付政府的所有必要费用来说就绰绰有余了。

在欧洲古代的君主国中，大多数人民在当时的风俗习惯的影响下，对于战争都有充分的准备。一旦参加战争，根据租地的条件，或者由他们自己承担，或者由直属领主的费用维持，不需要给君主增加新的负担。政府的其他费用，总的来说也非常有限。至于司法行政这一项，我们前面讲过，不但不会耗费政府的资财，还会成为一项收入来源。各地方的人民在农作物收获前或收获后，需要服三日的劳役，商业上所有必要的桥梁、道路和其他的土木工程建设，有了这三日的劳役，就足够维持了。当时，君主的主要费用就是维持他自身家族和宫廷的费用了。他宫廷的官吏，也就是国家的官员。户部卿是负责收地租的，宫内卿及内务卿是负责掌管费用的出纳的。君主的厩舍，则交给了警卫卿、部署卿管理。君主居住的宫室，通常建造成城廓的形式——和他拥有的主要要塞一样，这个要塞由类似于卫戍总督的人防守。平时需要君王出费维持的，仅仅是这种总督而已。在这种情况下，通常只要一块比较大的土地地租，就足够支付政府的所有必要费用了。

在欧洲，已经没有一个现代文明国家把土地作为国家私有财产，把地租作为公共收入的主要来源了。但是国王有许多大领地却是所有大君主国家共同的现象。王室的领地大多数都是森林，但是有时你在这领地中走上数英里，也不一定能找到一棵树。对于这种土地的保有，只是国家生产和人口两方面的浪费和损失罢了。如果各国君主尽可能地售卖自己的私有领地，那么所获得的收入一定很可观；如果更进一步，用这种收入来偿还国债取回担保品，那么由此得到的收入和原来从领地得到的收入相比，就更不可同日而语了。土地改良和耕作比较好的国家，地租比较丰厚，地价通常是年租的30倍；国王的领地是没有改良的土地，地租相对来说比较轻薄，地价大约相当于40年、50年或60年的地租。君主用这种大价格赎回国债的担保品，立刻就可以享受到这种担保品提供的收入。而在几年内，还会享有其他收入。因为君主领地变成了个人私有财产，所以用不了几年，就可以改良、耕作得很好，从而导致生产物增加，人民的收入和消费增加，随之人口也会增加。这样一来，君主的关税和国产税的收入，也一定会随着人民收入和消费的增加而增加。

文明国家的君主，从自己的领地获得的收入看起来没有给人民造成任何损害，但是，这对于整个社会造成的损害比他享有的其他任何同等收入都多。所以从整个社会的利益考虑，不如把君主的领地拍卖掉分配到人民中间，而由人民给君主提供他原来通过领地获得的收入。

被用来当作公园、森林和散步场所的土地，目的在于供人们游玩和观赏，它不但不能提供收入，还经常需要出资修整。在我看来，只有这种土地应该归文明国家的君主所有。

因此，一个文明国家的必要费用，如果只依靠君主或国家特有的资财和土地两项收入进行支付，那么不但不合理，而且也不够。那么剩下的方法，就是依靠其他项的税收来支付了。也就是说，人民需要自己拿出一部分私人的收入来弥补国家公共的收入。

第二节 论赋税

一个人的收入有三个不同的来源：地租、利润和工资。归根到底，每种赋税最终也将来源于这三者中的一项、两项或三项。因此，我将竭尽所能地论述下面几点：一、论要加在地租上的税；二、论要加在利润上的税；三、论要加在工资上的税；四、论加在这三项收入上的税。对于这四种赋税的考察，需要将本章的第二节分为四个部分，其中有三个部分还需要再细分成一些小条款。就像我将要在后面讨论到的，这各种赋税虽然刚开始的时候是要加在某项来源或收入上的，但是最后却不是从那项收入中支出的，所以，必须得详细讨论。

在讨论各种特殊赋税之前，需要列举说明一下关于一般赋税的四种原则。这四种原则如下：

第一，一个国家的人民，都需要在可能的范围内，根据自己的能力（也就是按照自己在国家保护下获得的收入）给国家缴纳赋税，维持政府。就像大地产的管理者，需要按照自己从地产上获得利益的一定比例提供经营费用一样，一个大国中的每个人也需要给政府缴纳费用。赋税公平不公平，就看它对于这个原则是尊重还是忽视了。所有的赋税，如果结果都只由地租、利润、工资三者中的一个承担了，其他两者都没有受到影响，那么一定是不公平的。关于这种不平等，就说到这里了，以后会很少说到。以后，我们将只谈特定赋税是如何不公平地落在了所征收的特定私人收入上。

第二，各个国民应当全部缴纳的赋税必须是确定的，不能随便变更。缴税的日期、方法、数额，都应该让所有的纳税人及其他人都能明明白白，清清楚楚。否则的话，每个纳税人就都多多少少地会受到收税官吏权力的影响，收税的官吏会找各种借口加重赋税，或者用加重赋税为借口，勒索财物或赏金。一旦赋税不确定，那么就算是不傲慢不腐败的人，也会变得傲慢而腐败，因为他们这种人本来就是不在乎名誉的。根据所有国民的经验，我相信，就算赋税再不平等，对人民造成的危害也比较小，但是赋税一旦不确定，对人民造成的危害就会非常大。因此，国家明确规定人民应该缴纳的税款是非常重要的。

第三，缴纳各种赋税的日期和方法应该以方便纳税人为准。房租税和地租税应该在通常缴纳房租或地租的时候征收，因为这个时候对纳税人最方便，或者说，这个时候他最容易拿出钱来。至于对奢侈品类征收的赋税，因为最终是要出在消费者身上，所以征收的方法一般都对消费者很方便。每次买东西的时候都征收一点，每购买一次就征收一次。买或者不买是他的自由，如果他因为征税感到了不便，那么只能怪自己。

第四，所有赋税的征收，都应该尽可能地让人民缴纳的等于国家收入的。如果人民缴纳的比国家收入的多，原因通常不外乎：一、征收赋税时使用了大批的官吏。这种官吏不但耗费掉了赋税的大部分，而且还在正税之外严苛地对待人民。二、赋税的设立让一些想要举办产业的人民裹足不前，从而妨害了可以给社会上很多人提供生计的产业。如果强制人民纳税，那么用来举办这项产业的基金就会减少或者受到破坏。

三、对于逃税没有成功的人施行的充公或者其他惩罚，往往会让他们倾家荡产，而国家从这种资本的使用中获得的利益，也就没有了。更何况，不合理的征税，是造成走私偷税的最大原因。而对于走私的惩罚，也一定按照这种诱惑的比例而加重。先用重税诱惑人民走私，再用重罚惩罚走私的人民，根据诱惑的大小来定刑罚的重轻，挖个陷阱让人民跳，完全违背了法律的正义原则。四、税吏的频繁访问和惹人厌的稽查，通常让纳税人遭受不必要的麻烦、苦恼和压迫。这种苦恼，严格地说，虽然不是什么金钱上的损失，但是也是一种损失，因此人民都更愿意想办法逃离这种烦扰。总之，赋税让人民觉得烦扰而没有让国家收入增加，都逃不出这四个原因。

上面四个原则，道理明显，效果显著，所有的国家在制定税法的时候，总是多少会留意的。它们凭借周密的计策，想让赋税尽可能地公平，赋税的数额尽可能地确定，缴税的方法尽可能地方便纳税人；尽可能地让人民在正税之外，不用再受到其他严苛地对待。下面对于各个时代各个国家主要赋税的简短评论，将表明各个国家在这个方面的努力并不是都取得了成功。

第一项 地租税

加在土地地租上的赋税，有两种征收方法：一种是根据某种标准，对各个地区分别评定一定数额的地租，这个数额确定以后，不再变更。另一种是随着土地实际地租的变化而变化，耕作情况好，地租税就增加；耕作情况不好，地租税就降低。

英国采用的是第一种方法。英国各个地区的土地税，是根据一个固定不变的标准评定的。这种固定不变的税法，虽然在刚开始的时候是平等的，但是，因为各个地方耕作上的勤劳程度不同，后来，慢慢地就变得不平等了。在英国，根据威廉及玛丽第四年颁布的法令，对各州区、各教会征收的土地税，甚至在订立的时候就是非常不平等的。因此，这种赋税就违反了上面所说的四个原则中的第一个原则（公平），幸好，它完全符合其他三个原则。这种征税制度是非常明确的。征税的时间和佃户纳税的时间是一致的，对于纳税人来说也很方便（虽然在所有的情况下，地主都是真正的纳税人，但这项税款通常是由佃农垫付的，地主在收取地租时，再减去这部分）。和其他同等额度的税收相比，征收这种税使用的官吏非常少。既然各个地区的税款数目不随着地租的增加而增加，那么君主就不能分享地主通过土地改良得到的利益。毫无疑问，在同一个地区，一个地主对于土地的改良，并不会减轻其他地主的负担。有时，就算是加重某种特殊土地上的赋税，也因为所加有限而不会对土地的改良和正常的生产产生根本性的影响。让土地产量减少的倾向没有了，让生产物价格提高的倾向也没有了，从而绝对不会妨害到人民的辛勤劳动。地主除了需要缴纳赋税外，不需要承担其他的不便（纳税是一种谁都没有办法避免的不便）。

毫无疑问，英国地主从这种恒久不变的土地税中得到了好处，但是，这种好处不是因为这种赋税的性质，而是因为其他的一些外部情况。

自从英国土地税评价确定以后，各地都取得了极大的繁荣，所有的土地地租都持续增加，很少有降低的。因此，根据现在的地租应该支付的税额和根据原来的评价应该支付的税额之间就有了一个差额，几乎所有的地主都按照这个差额得到了利益。如果情况和现在的相反，地租因为耕作的衰退而降低了，那么几乎所有的地主都会按照这个差额而遭受损失。英国革命以后，固定不变的土地税经常呈现出对地主有利而对君主不利的情况；如果情况和现在的相反，那么说不定又会呈现出对君主有利而对地主不利的情况。

既然国家以货币的形式征收赋税，那么土地的评价自然也是用货币的形式表现的。自从这个评价设定以后，银的价格十分稳定——在重量和品质上，都没有改变铸币的法定标准。如果银价明显上涨了，就像在美洲银矿发现之前的两个世纪那样，那么这种评价的固定性将让地主吃大亏；如果银价明显下跌了，就像在美洲银矿发现之后的一个世纪那样，君主的收入又会因为这种评价的固定性而大大减少。

因此，在与当时的实际情况有出入的情况下，这种评价的固定性，就会让纳税者或者君主感到很大的不便。然而，只要时间一久，这种情况就一定会发生。各个帝国虽然和其他人为事物一样，总有生命结束的一天，但是它们却总奢求永生。帝国的所有制度都被认为是应该和帝国本身一样永恒的，所以设立的制度不但要适合于某一种特殊情况，而且还要适合于所有的情况；换句话说，所有的制度被要求不应该适合于过渡的、一时的、偶然的情况，而应该适合于那些必然的、不变的情况。

让征收的土地税随着地租和耕作状况的变化而变化，曾经被法国那些自命为经济学家的学者推崇为最公平的税法。他们认为，所有的赋税最后都是加在土地地租上的，土地地租是最后支出这笔赋税的来源，所以赋税从这最后的来源公平地支出，才合情合理。他们这种微妙的学说，只是建立在形而上学的议论上，我不想多做辩驳。我们只要看看下面的评论，就可以很清楚地明白哪种赋税最终来自地租，哪种赋税最终来自其他来源。

在威尼斯境内，所有以租约的形式借给农家耕作的土地，都按1/10征收地租税（来源于《欧洲法律及赋税的记录》）。租约登记在公簿上，交由各地区的税吏保管。如果土地所有者自己耕作土地，那么地租就由官吏进行公平的估定，然后减去税额的1/5。因此，这种土地缴纳的赋税就不是规定的地租10%，而是8%了。

在更新租约的时候，有些地主不增加地租而只要求一些续租金。

为了贪图现金而舍去价值可能大得多的将来收入，是浪费者经常使用的手段。不用说，这种手段是对地主有害的，但也经常有害于佃农，而在所有情况下都对国家有害。因为佃农经常会因为花费掉了大部分的资本而极大地降低土地耕作能力，从而感到提供续租金而支付少量的地租比不交续租金而支付更多的地租更加困难。另外，土地税是国家最重要的一项收入，土地的耕作能力降低了，国家当然会蒙受损失。总之，要求续租金是一种有害的行为。如果通过对这种续租金征收比普通地租重得多的税的方法进行阻止，那么所有和它有关系的人，例如地主、佃农，君主甚至整个社会，都将获益匪浅。

有的租约，规定了佃农在整个租期内应该采用什么样的耕作方法、应该轮种哪种作物。这个条件，大多数都源于地主自以为知识丰富的优越性。佃农受到这种约束，就相当于额外又交了一份地租，不同的只是这一部分是用劳务交的而不是用货币交的。想要阻止这种做法，只有对这种地租给予比较高的评价，从而征收比普通地租更高的赋税。

有些地主征收的地租不是货币，而是谷物、家畜、酒、油等实物；还有一些地主征收劳务地租。不论是实物地租还是劳务地租，通常都很少对地主有利，对佃户更是有害——佃户缴纳的通常比地主收到的多。所以，通常实行这些地租的国家，佃户都是穷困潦倒的，实行得越严格，穷困得就越厉害。这种对全社会都有害的方法，如果采用对地租进行很高的评价，从而征收比普通货币地租更高的赋税的方法，应该是可以制止的。

当地主自己耕作所有地一部分的时候，通常是由周围的农民和地主对其地租进行公平的评价，这种评价的地租，如果没有超过一定的数额，那么就按照威尼斯实行的办法，允许减轻一些赋税。这种减轻赋税的办法，对于鼓励地主自己耕作土地是非常重要的。地主的资本比佃户的资本雄厚，所以虽然他可能耕作不熟练，但是却经常收获很丰厚。在农场上，他是有能力而且有意向进行某种试验的人。就算试验失败了，对他造成的损害也非常有限；但是如果实验成功了，那么给全国耕作的改良带来的利益将是无穷的。不过，通过减税鼓励地主自行耕作，一定得限制耕作的范围。如果没有限制，那么大部分的地主都会竭尽所能地自己耕作所有土地，那样，国家中真挚而勤劳的佃农就会全部被驱逐出去，而取代他们的是懒惰而放荡的代耕人。这种人浪费的经营方式，用不了多久就会让耕作荒废，让土地年产物减少。这样一来，遭受损失的，不仅有地主的收入，而且还有整个社会最重要的一部分收入。

上述这些管理制度，也许一方面可以去除因为税额的不确定而对纳税者造成的压制和不便；另一方面也许可以由此在一个国家普通土地的经营上，引入一种对于全国一般改良和耕作进步大大有利的计划或政策。

如果土地税随地租的变动而变动，那么花费在征收上的费用一定比固定不变时多。这是因为随地设置登记处、随时对地主自耕地进行评价，都需要支出一定的费用。不过，所有的这些费用都非常少，和其他花费在征收上的多而收入有限的赋税相比，就算不上什么了。

反对这种税法的人最重要的借口是，可变土地税会阻碍耕地的改良。因为，如果君主不分摊土地改良的费用，却分享土地改良带来的利润，那么作为地主，是一定不愿意进行土地改良的。然而，这种阻碍也许是可以消除的。如果在地主改良前，允许他和收税官吏一起，根据双方共同选择的一些周围地主和农夫的公平裁定，确定土地的实际价值，然后在一定年限内，根据这种评价征收赋税，让他的改良费用可以得到完全的弥补，那么，他就没有什么理由不愿意进行土地改良了。这种赋税的好处之一就是让君主为了增加自己的收入而关注土地的改良。所以，为了赔偿地主的土地改良费而规定的期限，只要达到赔偿的目的就够了，不应该定得太长。如果地主享有这种利益的时间太长，那么就会损害君主的这种关注。可是，与其把时间定得太短，不如定得稍长一些。因为，就算是促使君主关注农业改良的动力再大，如果损害了地主改良土地的动力，也是徒劳。君主的关注，最多只能在非常广泛、一般的考虑上，看怎么才能对全国大部分的土地改良有利。至于地主改良的动力，则会在特殊的、比较具体的方面，看怎样才能最有利地利用每一寸土地。总之，君主应该在能力范围内，尽可能利用各种方法鼓励地主和农民关注农业发展。也就是说，让他们都能够根据自己的判断，用自己认为最好的方法、追求利益的最大化；让他们可以最安全地享有辛勤劳动的报酬；并且，在国内建设最方便、最安全的水陆交通和交通机关，让他们所有的生产物可以拥有最广泛的市场，同时可以最自由地运往任何国家。所有这些，才是君主应该好好注意的地方。

如果这种管理制度使土地税不但不妨害土地的改良，相反还促进土地改良，那么，土地税就不会让地主感到不方便，如果有的话，就是不可避免的纳税义务了。

不论社会状态、农业、银价和铸币的法定标准怎么变化，这种赋税就算没有政府的注意，也会自然而然地和事物的实际状态相适应，而且同样会因时制宜地趋向于公平正当。所以，和其他经常按照确定评价征收的赋税相比，建立这样一种在一定时期内不变的规定，或者所谓的国家基本法是比较合适的。

不和土地地租而和土地生产物成比例的赋税

对土地生产物征收的赋税，实际上就是对土地地租征收的赋税。这种赋税虽然刚开始的时候由农民垫付了，但是最后都是由地主支付的。当农民把生产物中的一部分作为赋税支出的时候，一定会认真计算这部分生产物每年的平均价格究竟有多少，并按照这个比例，从他已经同意支付给地主的租额中扣掉。教会的什一税就是这种性质的赋税。农民不可能缴纳这种赋税，却不先计算这些生产物每年大概的平均价值。

什一税及其他所有类似性质的土地税，表面上看起来非常公平，其实却非常不公平。在不同的情况下，同样部分的生产物等于地租的部分非常不相同。肥沃的土地通常可以有丰盈的生产物，这些生产物中的一半就足够补偿农耕资本并提供普通利润了，剩下的那一部分（或者剩下那一部分的价值），在没有什一税的情况下，足够给地主交纳地租的。但是，如果租地者要缴纳生产物的1/10作为什一税，那么他就必须减少1/5的地租，否则，就会缺少一部分的资本和利润。在这种情况下，地主的地租就不再是全部生产物的一半，而只有2/5了。贫瘠的土地产出的生产物比较少，而耗费比较大，所以经常需要土地全部生产物的4/5才能补偿农家资本并提供资本的普通利润。在这种情况下，就算没有什一税，地主得到的地租也不可能超过全部生产物的1/5。如果农民还需要把生产物中的1/10缴作什一税，那么他就会少缴1/10的地租，从而地主得到的就只有生产物中剩下的1/10了。在肥沃的土地上，什一税通常不超过全部地租的1/4，或者是每镑4先令；但是在贫瘠的土地上，什一税就会占全部地租的1/2，或每镑10先令。

既然什一税是一种加在地租上的非常不公平的赋税，那么对于地主改良、农夫耕作土地就经常会起阻碍作用。教会不支付任何费用，却大大享受土地改良带来的利润，那么地主就不愿意进行各种非常重要同时费钱费力的改良了；农夫就不愿意种植那些最有价值，但同时费钱费力的谷物了。自从什一税实施以来，欧洲种植并垄断茜草这种染料的，只有荷兰联邦，因为它是长老教会国家，没有这种恶税。

最近英国也开始种植茜草了，因为根据议会制颁布的法令，每亩茜草只征收5先令的赋税，同时不征收什一税。

就和欧洲大部分地方的教会一样，亚洲有很多国家的主要收入都来自土地税。土地税的征收不和地租成比例，而是和土地生产物成比例。中国帝王的主要收入就是由国家中所有土地生产物的1/10组成的。不过这所谓的1/10，依据的评价非常低，很多地方还不到普通生产物的1/30。印度在没有受到东印度公司的统治以前，孟加拉政府征收的土地税约为土地生产物的1/5，而古代埃及的土地税也接近1/5。

亚洲的这种土地税，让君主们非常关注土地的改良和耕作。据说中国的帝王、孟加拉君主和古代埃及的君主，为了尽可能地增加国内所有土地生产物的分量和价值，都会竭尽所能地修建并维护公路和运河，确保国内所有的生产物都可以在国内畅销。欧洲享有什一税的教会则不是这样。因为各个教会分得的什一税数量非常有限，所以不像亚洲的君主们那样关心土地的改良和耕作。如果一个教区的僧侣为了扩大生产物的市场，而向国家中的偏远地区修建公路或运河，那么绝对不会有什么利益。因此，这种税如果用来维持国家，那么随之而来的一些利益也许可以在某种程度上抵消不便，但是如果用来维持教会，那么除了不便，就不会有任何东西了。

对土地生产物征收的那些赋税，有的是征收实物，有的则是根据某种评价征收货币。

教区僧侣和住在自己田庄内的小乡绅征收实物地租，有时也许会有一些利益，因为他征收的分量和区域都非常有限，可以亲自监管，亲自处理。可是，如果一个住在大都市中有很多资产的地主也对自己散布在各地的田庄征收实物地租，那么就可能会遭受由于承办者及代理商的懈怠而带来的损害了，尤其是徇私舞弊的损害。至于由于税吏的滥用和玩忽职守而给君主造成的损失，那就更大了。在督促和用人方面，一个普通人就算再粗心也比小心翼翼的君主更有效。经过税吏的胡乱处理，征收实物赋税经常让国家蒙受巨大损失，国库最后得到的通常只是人民缴纳的全部赋税中很小的一部分。据说，中国等一些国家收入就是这样征收的。毫无疑问，中国的达官显贵和税吏们，都乐于保持这种用实物征收赋税的惯例，因为这比用货币征收更容易徇私舞弊。

以货币缴纳土地生产物征收的税收，有的是依据随市场价格的变化而变化的评价，有的是依据一成不变的评价。例如，不论市场状况如何变化，1蒲式耳的小麦通常都评价成同样的货币价格。根据第一种方法征收的生产物的价格，只跟随人民耕作的勤劳和懒惰程度对生产物价格造成的变动而变动。根据第二种方法征收的生产物的价格，不但随着土地生产物上产生的变动而变动，而且会随着贵重金属价值的变动，甚至是随各个时代同名异量的铸币的变动而变动。因此，对于前者来说，生产物和土地实际生产物的价值总是保持同样的比例；而对于后者来说，在不同的时期，生产物和土地实际生产物的价值之间的比例是不同的。

不通过征收一定的土地生产物或这一部分土地生产物的价格来补偿，而是完全依靠一定数额的货币来代替的赋税或什一税，和英国的土地税是一种性质的。这种税，既不会随着土地地租的变化而变化，也不会阻碍或促进土地的改良。在许多教区，都用货币而不是实物缴纳什一税，这种税法也和英国的土地税很像。后来，东印度公司的某些工作人员以恢复国家收入的本来价值为借口，在一些州区把货币代税改成了实物缴税。可是，在他们的管理下，这种改变一方面妨碍了耕作，另一方面滋生了很多舞弊的机会，所以，和他们刚开始管理这种赋税的时候相比，国家的收入一度大大减少。这种公司工作人员主张的改弦更张，对于他们可能是有利可图的，但是对于他们的主人及国家却会造成损害。

房租税

房租可以分为两种：建筑物租金和地皮租金。

建筑物租金，是建造房屋所花费资本的利息或利润。为了要让建筑商与其他行业的人处在同样的利润水平上，这种建筑物租金，需要满足两个条件：第一，支付给他一种利息，这种利息必须等于他把资本贷给那些有抵押品的人所能得到的利息；第二，足够他不断地修葺房屋，或者在一定的年限内收回他花费在建造房屋上的资金。因此，各地的建筑租金或建筑资本的普通利润就通常受货币的普通利息的影响。在市场利率为4%的地方，如果扣除地皮税，还能给建筑的全部费用提供6%或6.5%的建筑租，那么建筑商的利润就足够了。如果在市场利率为5%的地方，那么建筑租金可能会要求7%或7.5%。不过，既然利润和利息成比例，如果建筑业的利润长期过多地超过货币利息率，那么本来应该投到其他事业上的资金就会转投到建筑业上来，直到这个行业的利润降低到和其他行业一样为止；如果建筑业的利润长期过多地低于货币利息率，那么本来应该投在这个方面的资金就会转投到其他行业，直到建筑业的利润提高到和其他行业的利润一样为止。

在全部房租中，所有超过合理利润的部分自然都会变成地皮租金，并且，在地皮所有者和房屋所有者是不同个人的时候，这一部分通常都要给前者。这种剩余的租金，是住户为了偿还房屋的当前位置为其带来的真实或想象中的利益而额外支付的代价。在距离大都市比较远的地方，可以用来选作房屋基地的地方非常多，因此，那里的地皮租金通常就和用那一部分的土地栽种农作物得到的利润差不多；邻近大都会的郊外别墅，地皮租金有时就贵多了。至于有特别的便利或者是有美景的地方，不用说，就更昂贵了。在一个国家的首都和那些对于房屋有最大需求的特别地段内（不论这种需要是为了营业、游乐还是虚荣和时尚），地皮租金大多数都是最高的。

对房租征收的赋税，如果由住户支付，并和各个房屋的全部租金成一定的比例，那么至少在相当长的一段时间内，是不会影响建筑租金的。建筑商得不到合理的利润，就会抛弃这种职业，这样用不了多久，对于建筑的需求就会增加，利润就会恢复到和其他职业一样的水平。不过，这种税也不会完全施加在地皮租金上，而是通常会自行分成两个部分，一部分由住户承担，一部分由地皮拥有者支付。

例如，如果有一个人每年可以承担的房租为60镑，对房租征收的由住户承担的房租税为每镑4先令，或者是全部租金的1/5，那么在这种情况下，60镑的房租就需要花费他72镑，其中有12镑超出了他可以承担的额度。这样一来，他宁愿住得差点，比如住一个租金为每年50镑的房屋。50镑的房租再加上必须支付的房租税10镑，刚好是他可以承担的房金60镑——为了支付房租税，他放弃了那所贵10镑的房子可以额外提供的便利。不过，这种附加的便利只是部分地放弃了，很少有全部放弃的。因为，有了房租税，他就可以用50镑租到没有税时50镑租不到的房屋。因为这种税通常可以产生减少竞争者的作用。既然可以减少人们对年租为60镑的房子的竞争，那么也就一定可以减少人们对房租为50镑的房子的竞争。由此类推，除了对那些租金已经低到极致，没有办法再降低的房子的竞争会因此而加剧外，对于其他所有房屋的竞争都会根据同样的方法减少，结果就是，所有房屋的租金都因此而降低了。可是，因此而减少的任何部分都不会影响建筑租金，结果就是全部落在了地皮租金上面。最后，房屋税一部分来自因为分担此税而不得不放弃一部分便利的住户；一部分来自为了分担此税而不得不放弃一部分收入的地皮拥有者。至于他们两者最后是按照什么样的比例分担这种赋税的，则比较难判断。大概情况不同，分担的比例也会不同。而且，随着情况的不同，住户及地皮所有者会因为这种税而受到非常不公平的影响。

拥有地皮的人从这种税中受到的不平等待遇，全部都是分割上的偶发事件；但是住户从这种税中受到的不平等待遇，除了上面所说的分割上的原因外，还有其他的原因。房租费在生活的全部费用中所占的比例，随着财产的多少而不同。通常情况下，财产越多，这种比例越大；财产越少，这种比例越小。购买生活必需品的费用在贫穷人的生活费用中占了大部分。通常对于他们来说，要不挨饿都是很困难的，所以他们收入中的大部分都花费在了食物上。富人则不是这样，他们主要的收入都用在了购买生活的奢侈品和装饰品上；宽敞的居室正好可以摆放装饰品，显示他的虚荣。因此，国家征收的房租税，通常都是由富有的人承担的。虽然可能不是那么公平，但是也不怎么违背情理——富有的人按照自己收入的一定比例（有时超过这个比例）为国家提供费用，怎么能说是不合理的事情呢？

虽然在某些方面，房租和土地税相似，但是在另一方面，它却又和土地税完全不同。之所以要支付土地地租是因为使用了一种有生产力的东西，也就是产生地租的土地，而支付房租却是因为使用了一种没有生产力的物体。房屋和房屋所占的地皮都是不能生产什么东西的。所以，为了支付房租，人们必须从其他和房屋毫无关系的收入来源中抽出一部分。由住户分担的那一部分房租税，来源一定和房租一样，也就是来自劳动工资、资本利润或土地地租。并且，不论从哪个角度说，房租税都和其他所有的消费品税性质一样。一般来说，要通过消费品来判断一个人全部费用是奢侈还是节俭，最好是根据房租判断。在这种特殊的消费品上，按照一定比例征收的赋税收入，可能比现在欧洲其他任何税种的收入还多。不过，如果房屋税定得太高，大部分人都将力求避免缴纳，或者是满足于居住较小的房屋，或者是把大部分的房屋费用转投到其他方面。

如果用确定普通地租所必需采用的方法来确定房租，那么通常很容易做到完全正确。没有人居住的房屋当然应该免税，如果对它征税，那么就要全部落在既没有收入，又不能提供任何便利的房屋拥有者的身上。如果房屋是所有者自己居住的，那么应该缴纳的税额不应该根据建筑费来定，而应该根据出租这个房屋时公平裁定的租金来定。如果根据建筑费来定，那么每镑3先令或4先令的房屋税，再加上其他所有的税种，几乎会让全国所有的富有人士破产。我相信，如果其他所有的文明国家这样做，也都会是同样的结果。不论是谁，只要他注意观察一段本国的富有人士在都市中的府邸和乡下别墅就会发现：如果对这些宅第的建筑费征收6.5%或者是7%的税，那么仅房租就差不多等于他们在其地产上收入的所有净租金了。他们建造宅第的费用是几代人的积累支出，增添的都是宏伟华丽的部分，但是和花费的比较起来，交换价值（或出租价值）却小得多。

与房租相比，地皮租是更合适的征税对象。对地皮租征税，不会提高房租，将全部都由地皮所有者承担。他们通常处于独占地位，对地皮的使用也要求尽可能多的租金。他可以得到的租金是多还是少，取决于竞争使用这块地皮的人是富有还是贫穷。换句话说，他能否从这块地皮中得到满意的租金，关键看竞争者能出多少。大都市里竞争用地的人比较多而且都比较富有，所以地皮通常能够得到最高的租金。不过，如果竞争者的财富不论在那个方面都不能因为地皮税而增加，那么他也就不愿意为了使用地皮而出高昂的租金。地皮租的税，是由住户垫付的还是由地皮所有者垫付的根本不重要，重要的是，住户需要缴纳的税越多，他愿意缴纳的地皮租就越少。所以，最后支付地皮税就完全落在了地皮所有者身上。没有人居住的房屋当然是不应该征收地皮税的。

在许多情况下，地皮租及其他普通土地地租，都是所有者不用亲自费心劳力就可以获得的收入。因此，虽然需要从这种收入中抽出一部分充当国家费用，但是，对于任何产业都不会产生阻碍作用。对于地皮征收赋税后，和没有征收赋税以前相比，社会土地劳动的年生产物，也就是大多数人民的真实财富和收入，都不会有什么变化。这样看来，地皮租和其他普通土地地租恐怕是最适合承担这种特殊赋税的收入了。

如果只从这个角度说的话，地皮租甚至是比普通土地地租更适合承担特殊赋税。因为，在许多情况下，普通土地的地租至少有一部分要依靠地主的谨慎和经营。如果地租税过重，就会妨害到这种谨慎和经营。地皮租则不会这样。地皮租超过普通土地地租的部分完全是因为君主的良好管理。这种良好管理一方面保护了全体人民的产业，另一方面保护了一些特殊租住人民的产业，结果，这些租住人才能为房屋所占的地皮支付大大超过其实际价值的租金；或者说，因为这种良好的管理，地皮所有者才可以获得更大的报酬来补偿地皮被人使用带来的损失。对于依靠国家良好管理而存在的资源征收特别的赋税，或者让它上缴比其他大部分收入更多的赋税来支援国家，当然是完全合乎情理的。

虽然欧洲各国都对房租征收赋税，但是据我所知，没有一个国家把地皮租当作一个独立的税收对象。创设租税的人，可能对于应该把房租的哪些部分归为地皮税，哪些部分归为建筑租金不很明确，但是，要把它们彼此分开也不是多么困难。

在英国，有所谓的年土地税，根据这种税法，房租缴纳的税率和地租缴纳的税率相同。各个不同教区和地区，征收这种赋税所依据的评价都是一样的。在原来，这种制度就已经非常不公平了，现在仍然如此。从整个王国来说，这种税施加在房租上的仍然比施加在地租上的轻。只有少数几个地区，虽然原来的税率很高，但是房租降低了一些，所以，据说每镑3先令或4先令的土地税和实际房租的比例相等。虽然法律规定没有人居住的房屋也要纳税，但是在大多数地区都因为估税吏的好意而免除了。虽然这种免除不会影响整个地区的税率，但是某些特定房屋的税率却难免因此而发生些微变化。同时，房屋的建筑和修葺虽然会让租金增加，但却不能让房租税增加，因此特定房屋的税率就会发生更大的变化。

在荷兰，所有的房屋，不论实际房租多少，也不论有没有人居住，都根据其价值征收2.5%的赋税。对于无人居住的房屋，也就是所有者不能由此获得收入的房屋，如果还勒令它纳税，而且还那么重，恐怕是很苛刻的。通常，荷兰的市场利息率为3%，对于房屋全部费用征收2.5%的重税，在大多数情况下，就要占建筑物租金1/3以上，或者达到全部租金的1/3以上。不过，征税依据的评价虽然非常不公平，但通常都在实际价值之下。当房屋再建、增修或扩建时，就会建立一种新的评价，房租税就会以这种新评价为准。

在英国，各个时代制定房屋税的人，都觉得要很正确地确定房屋的实际房租非常困难，因此，他们在确定房屋税时，就依据了一些非常明白的事实，也就是他们认定的在大多数情况下，房租一定会和房屋成一定比例的事实。

最早的时候，有所谓的炉捐，每个炉子征税2先令。为了要确定一个房屋中总共有几个炉子，收税官吏经常需要挨个进到每个房间里面进行调查。这种调查，让这种税成了人民大众讨厌的对象，所以在革命后没多久，就被当作奴隶制度的标志废除了。

在炉捐之后，实施的是根据住屋征收的赋税，每个住屋征税2先令。如果房屋有10扇窗，那么额外征税4先令；如果有20或20扇以上窗户，那么额外征税8先令。后来这种税进行了很大的改变。所有有20扇以上30扇以下窗户的，都额外征税10先令，有窗户30扇及以上者，额外征税20先令。窗户的数目大多数都可以从外面计算出来，不用进入私人室内，所以，关于这种税的调查，没有像炉捐那样让人讨厌。

后来，这种税被废止，而用窗税代替了。窗税设立后，也曾经有过几次变更和增加。现在（1775年1月），英国每间房屋征收赋税3先令，苏格兰每间房屋征收赋税1先令，除此之外，它们对窗户还另外征税。英国房屋上的窗户不到7扇的，按照最低税率2便士征收；房屋上的窗户达到25扇及以上的，按照最高税率2先令征收。

这各种税之所以引起众人的反对，主要是因为不公平。其中最不公平的就是它们施加在贫民身上的税比施加在富人身上的还要重。乡镇上租金为10镑的房屋，有时比都市中租金为500镑的房屋的窗户还要多。因为窗户税已经确定下来了，所以不管前者的住户多么贫穷，后者的住户多么富有，都不能让贫穷的人负担轻一些的费用。这样一来，这种税就直接违反了前面所说的四个原则中的第一个原则（公平）了。

窗税乃至其他一切房屋税很自然地就会降低房租。很明显，一个人缴纳的税越多，能承担的房租就越少。不过据我所知，英国自从开始征收窗税，所有市镇乡村的房租都多多少少提高了一些。这是因为各地对房屋的需求增加，让房租提高的程度超过了窗税让它降低的程度。这个事实可以充分说明国家的繁荣程度已经增大，居民的收入已经增加。如果没有窗税，房租是会更高的。

第二项　利润税

利用资本产生的利润或收入，自然地就会分成两个部分：一部分是支付给资本所有者的利息；另一部分是支付利息以后的剩余。

很明显，后一部分利润是不能当作直接的征税对象的，因为，那是投资风险和困难的报酬，并且，在大多数情况下，这种报酬都是很少的。使用资本的人，只有有了这项报酬，才会继续使用下去。否则的话，为了自己的利益考虑，他是不会继续做下去的。因此，如果按照他获得的利润的一定比例征收赋税，那么他就不得不提高利润率，或者是把负担转移一部分到资本利息上去，也就是减少要支付的利息。如果按照税收的比例而提高利润率，那么虽然使用资本的人垫付了全部的税款，但是最后根据他的投资方法，还是由下面两种人中的一种支付了：如果把资本投在了农业上，用来耕作土地，那么投资人就只有通过保留大部分的土地生产物或者是大部分土地生产物的价值的方法，来提高自己的利润率。他要想做到这点，只能少缴地租。最后，这种税就由地主支付了。如果把资本投在了商业或制造业上，那么投资人就只有通过提高货物价格的方法来提高利润率。在这种情况下，最后支付这种税的就成了消费者。如果他没有提高利润率，就不得不把全部的税款转嫁到利润中属于货币利息的那一部分上去，对于借贷来的资本，他就只能提供较少的利息。这样的话，全部的税就要由货币利息承担。总之，在他用一种方法不能让自己免于付税时，就会采取其他的方法让自己免于付税。

乍一看，货币利息和土地地租一样，都是可以直接作为征税对象的。货币利息是扣除了全部的投资风险和困难应得的报酬之后剩下的纯收入，土地地租也是这样。地租税不会让地租提高，因为偿还过农业家资本和合理利润后，剩下的纯收入在征税后绝对不可能比没征税之前还多。同样的道理，货币利息税也绝对不会提高货币利息率，因为一个国家的资本量或货币量和土地量相同，缴税后和没有缴税前都是一样的。本书的第一篇讲过，不论在哪里，普通利润率都受可以使用的资本量和其用途范围所成的比例的支配，换句话说，不论在哪里，普通利润率都受可以使用的资本量和可以经营的业务范围之间的比例的支配。不过，用途的范围和可以经营的业务范围，都绝对不会因为任何利息税而有任何的增减。可供使用的资本既不增加也不减少，那么普通利润率就一定会维持原状不变了。但是，在投资风险和困难没有变化的范围内，用来回报投资者投资风险和困难的必要利润也会保持不变。结果，作为货币的利息剩下来，属于资本所有者的部分，也一定会保持不变。所以，看起来货币利息就和土地地租一样，是可以作为直接征税对象的。

但是实际上，与地租相比，货币利息是很不适合作为直接征税对象的，原因有两个。

第一，一个人拥有的土地的数量和价值，是不能保守的秘密，但是，一个人拥有的全部资金却经常都是秘密，想要在一定程度上正确地判断是非常困难的。资本额是随时都会发生变动的，别说是一年了，就是每个月、每天都是不一样的。调查各个人的私人财产状态，也就是为了征收适合的赋税而调查监视各个人的财产变动，是一件很难让人忍受的、无休止的的麻烦工作。

第二，土地是不能移动的，而资本则很容易移动。拥有土地的人，一定是土地所在国家的公民。拥有资本的人则不是这样，从某种程度上说，他可以算是一个世界公民，不一定要依附于某个特定的国家。如果一个国家为了要征收重税而多方调查他的财产，那么他就会立刻从这个国家转移到其他国家。同时，他也会把资本转移到任何其他可以比较自由地进行经营或者可以比较安稳地享有财富的国家。他一转移资本，原来在这个国家经营的所有产业就都会停止。资本耕作土地，也雇佣劳动。如果一个国家的税收有让资本转移的倾向，那么它让资本转移了多少，君主和社会的收入就会减少多少。资本向外转移，不但会让资本利润降低，连土地地租、劳动工资也会因此而减少。

因此，历来要对资本征收赋税的国家，都很少采用严苛的调查方法，通常采用宽松的、随意的方法。采用这种方法征收赋税造成的不公平、不确定，只有通过最低的税率征收赋税才能得到补偿，因此，每个人缴纳的税款都比按照自己的实际收入应该缴纳的少，那么邻人缴纳的税款比自己的低一些也就可以接受了。

英国的所谓土地税，本来是打算对资本征收和土地同样比例的税率的。当土地税率为每镑4先令，或者是缴纳估定的地租的1/5时，也想对资本征收估定利息的1/5。刚开始实行年土地税的时候，法定的利息率为6%，也就是每100镑的资本，应该征税24先令，也就是6镑的1/5。自从法定利息率减少为5%之后，每100镑资本应该征收的赋税就只有20先令了。这所谓的土地税征收的金额，是由乡村和主要市镇分摊的。其中，一大部分由乡村承担了。市镇承担的那一部分，又大部分来自对房屋征收的赋税，其余的则来自对市镇上的资本或营业（对投在土地上的资本，没有想要征收的想法）征收的赋税，而对资本和营业征收的赋税又通常在实际价值之下。因此，不论当时这种赋税征收时依据的估价多么不公平，这种不公平都比较轻微，所以没有引起什么骚乱。现在举国繁荣，在很多地方，土地、房屋和资本的价格已经提高了很多，但是各个教区却仍然依据原来的估价征收所有的赋税，所以现在看来，那种不公平就更无关紧要了。加上各地的税率已经很久都没有变过了，所以这种税的不确定性（在它对任何个人资本征收赋税的范围内）也大大减少，越来越不重要了。如果英国大部分土地缴税依照的标准还不到实际价值的一半，那么英国大部分资本缴税依照的标准就还不到实际价值的1/50。在一些市镇，全部的土地税都是加在房屋上的，而商业资本则免征，比如威斯敏斯特市。伦敦当然是另一回事。

无论哪个国家，都曾小心谨慎地回避严密调查个人情况的行为。

在德国汉堡，每个居民都有对自己所拥有的财产缴纳2.5‰的赋税的义务。如果一个在汉堡居住的人的主要财产是资本，那么这种税就可以当作一种资本税。每个人自己估定交给国库的数额，并需要在长官面前宣誓那就是他所拥有财产的2.5‰。不过，在宣誓时不用说明自己总共有多少财产，也不用接受任何的盘问。一般人都觉得这种税的支付是非常忠实的。因为，在一个小共和国中，所有的人民都完全信任长官，都相信赋税是维持国家所必需的，并且，都相信所有的赋税都被忠实地用在了国家的维护上，那么这种凭良心自觉纳税的方法，有时也是行得通的，而且施行这种方法的还不止汉堡一个。

瑞士的翁德沃尔德联邦，经常会遭受暴风和洪水灾害，所以就经常需要筹集应急的费用。在这种情况下，人民聚集在一起，大公无私地宣誓公布自己的财产，然后根据这个财产的数额缴税。在久里奇，每当有紧急需要时，法律就命令各个人根据自己收入的一定比例纳税，对于纳税的金额，每个人都需要宣誓。据说，当地的行政机关从来没有怀疑过自己的同胞会存在欺瞒的情况。在巴西尔，政府的主要收入来源就是商品出口时征收的小额关税。所有的市民都需要宣誓，每三个月缴纳一次根据法律规定应该缴纳的税款。所有的商人，甚至就连旅舍的主人，政府都非常放心地让他们亲自登记在境内外贩卖的商品。每到三个月月末的时候，就让他们自己把这种登记簿（登记计算出了的税额）送交给国库官员。从没有人怀疑过国库收入会因此受到损失。

在瑞士各联邦中，市民们公开宣誓自己有多少财产并不是一件多么痛苦的事。但是，在汉堡，就是很痛苦的事情了。从事投机贸易的商人时时刻刻都在担心要公开自己的财产状况。在他想来，这会让他的信用丧失、企业破产。至于没有从事这种投机事业的质朴、勤俭的人民，却没有隐藏自己实际财产情况的必要。

荷兰在已经故去的奥伦治公爵担任总督职位后不久，就开始对全体市民的财产征收2%的赋税，也就是所谓的50便士取一税。各个市民对于自己财产的估计甚至缴税，全部都和汉堡相同。一般认为，他们的纳税额是非常诚实的，因为当时的人民对于刚刚通过叛乱而建立的新政府有很大的好感。这种税是为了解国家的燃眉之急，所以只征收一次。的确，如果永久地征收下去，那这个负担对于人民来说就太重了。在荷兰市场上，利息率通常低于3%，对于一般资本的最高纯收入却征收2%的赋税，也就是每镑征收13先令4便士。人民为了承担这项沉重的赋税，通常多多少少都会耗费掉一部分的资本。当国家处于危机的时刻，人民出于爱国热忱，尽自己的最大努力，放弃资本的一部分还可行，但是这种事情只能发生一次，绝对不能长久下去。如果长久下去的话，这种税很快就会毁坏人民，让他们完全失去支持国家的能力。

英国根据土地税法案征收的资本税，虽然和资本成比例，但是它的目的不在于减少或分割资本的任何部分，而是在于根据土地地租的比例对货币利息征收同样的税。所以，当地租税为每镑4先令时，货币的利息税也是每镑4先令。汉堡征收的赋税、翁德沃尔德及久里奇所征收的更为轻微的赋税，也同样是对资本的利息或纯收入征税，而不是对资本征税。至于荷兰，则对资本征收赋税。

特定营业利润税

有些国家，对资本利润征收特别的赋税，这些资本有的是用在特殊商业部门上的，有的是用在农业上的。

在英国，对于小贩商人及外出经营的流动商人征收的赋税，对于出租马车及轿子所征收的赋税，以及酒店主为了得到麦酒、火酒零售执照而缴纳的税款都可算是前一种赋税（对用在特殊商业部门上的资本征收赋税）。在距今最近的战争中，同类的其他赋税曾经提议施加在店铺上。有人认为，战争开始的原因是为了维护本国的商业，因此从中获利的商人，当然应该承担战争的费用。

不过，对于特殊商业部门资本征收的赋税，最终都不是由商人（在所有的情况下，他都必须有合理的利润，而且在商业可以进行自由竞争的地方，他得到的通常也不会超过这个合理利润）承担的，而是由消费者承担的。消费者必然通过购买物品的价格补偿商人垫付的税额。而且，在大多数情况下，除了应该缴纳的税额外，商人还会把商品的价格再提高一些。

当这种税按照商人的营业比例征收时，最后都是由消费者支付的，对于商人却没有什么影响。但是，当它不是按照商人的营业比例对所有的商人征收时，最后虽然也是由消费者支付的，但是大商人会从这种税收制度中获利，小商人却会从中受到压迫。对于每辆出租马车，一周征收5先令的税，对于每顶出租的轿子，一周征收10先令的税，在这种税由车子和轿子的所有人分别垫付的时候，通常是非常合理的，因为这和他们的营业范围成比例。根据这种税法，大营业者不会享有什么好处，小营业者也不会受到什么压迫。想要得到零售麦酒的营业执照，每年需要缴纳税款20先令；想要得到零售火酒的营业执照，需要缴纳40先令；想要得到葡萄酒的营业执照，需要缴纳80先令。这种征税方法，对所有的零售酒店都平等对待，结果，就一定会让大营业者获得某种利益，同时让小营业者感到一定程度的压迫——前者要想通过货物价格收回垫付的税款，一定比后者容易。不过，因为这种税非常轻，所以，就算不公平也无关紧要。并且，许多人认为小酒店林林总总，稍微地压迫一下，也没有什么不合适的。如果不论大小，对所有的店铺，一律平等对待有失公平，那么要想让这种税法公平，除了采用自由国家绝对不会承认的调查之外，就再也没有别的办法了。如果这种非常不公平的税还很繁重，那么小营业者将遭受严重压迫，甚至可能全部被大营业者兼并。如果小营业者不存在了，那么大营业者就将享有经营上的垄断权。和其他的垄断权一样，所有的大营业者将联合起来，把利润抬高到远远超过税额所需要的额度。这样一来，最后支付店铺税的，就不是店铺主，而是消费者了，同时，消费者还要为店主的利润额外支出一笔费用。因此，这种税收制度被1759年设立的补助金代替了。

在法国，有一种被称为个人贡税的税。它以农业资本利润为征税对象。恐怕在整个欧洲，这种赋税也是对于农业资本利润征收的最重的赋税了。

在欧洲普遍处于封建政府的混乱统治下时，君主为情势所迫，不得不只对一般的、没有能力拒绝纳税的人民征收赋税。虽然当君主有急需时，大领主们也愿意提供帮助，但是对于永远地纳税，却是不会愿意的，而君主又没有足够的实力强迫他们。原来，占有欧洲大部分土地的都是农奴。后来，他们在欧洲逐渐获得解放。其中的一部分获得了地产保有权。他们保有地产，就像英国原来的佃据所有者一样，有时是在国王的统治之下，有时是在大领主的统治之下，用贱奴式的方法保有土地。其他没有获得保地权的人，则在他们领主之下，以若干年为期限，租赁可以用来经营的土地，这样一来，他们对于领主的依附性就大大减弱了。大领主们看着下面的这些人民慢慢地变得繁荣而独立，忿忿不平，因此很乐于看到君主对他们征收赋税。在一些国家，这种税的征收对象，只限定于那些用贱奴式保有法保有的土地；并且，只有在这种情况下，才可以说是真正的贡税。由已经故去的沙廷亚国王颁布的税法，以及在兰多克、普冯斯、多菲那及布列塔尼各州，在芒托本、亚琛及康顿选举区，甚至在法国其他一些地区，征收的贡税通常都是对上面所说的保有地征收的赋税。在其他各个国家，这种税的征收对象是那些租用他人土地的人（不管土地的租用法如何）被估定获得的利润。在这种情况下，可以说是个人的贡税。法国所谓的选举区各州，通常实行的都是这种税法。既然贡税只对一个国家的一部分土地征收，肯定是不公平的。虽然不公平，却毕竟不经常以武断的形式征收。如果个人的贡税要根据这个阶级人民的利润，按照一定的比例征收，但是这个利润到底有多少，只能靠推测，那么这种征税的方法一定是武断的，不公平的。

法国现在（1775年）所实行的个人贡税，每年对被称为选举区的20个征税区征收，每年的总税额为40 107 239里弗16苏。每年各个州承担的这个税额的比例都有变动，这些变动的依据是枢密院接到的关于各个州的收获情况的报告。每个征税区分成了一定数量的选举区域，全部的征税区再把根据比例分配到的总额分配给各个选举区域；各个选举地域每年分担到的总额，也同样按照枢密院收到的关于各个地区纳税能力的报告而不同。由此来看，枢密院的本意虽然是好的，但是如果想要以比较正确的比例决定当年某州某地的实际纳税能力，却是不可能的。况且，无知和误报，一定会让本来非常公平的枢密院在下判断的时候出现错误。一个教区对于整个选举地域征税额应该承担的比例，每个人对于自己所属教区征税额应该承担的比例，都是根据实际情况而年年不同的。这各种情况，在第一种情况下，是由选举地区的征税官吏决定；在第二种情况下，是由教区的征税官吏决定，他们都难免会在一定程度上受到州长的指导和左右。据说，这种官吏经常会做出错误的判断，不但是因为无知和误报，而且还为了铲除异己，甚至是报个人恩怨。很明显，在评判之前，没有任何一个纳税者确切地知道自己要支付的税额；甚至就算是在评判过后，他也经常不能确切地知道。如果一个不应该纳税的人被征收了赋税，或者征收的税额超过了他们应该缴纳的比例，虽然他暂时垫付出来了，但是如果他们说出了自己受到的不平等待遇，并且有了证明被不平等对待的理由，那么，为了要补偿他们，第二年，整个教区就需要额外征收一笔税款。如果纳税者破产了，或者是完全没有能力支付了，那么他需要缴纳的税款就要由税吏垫付，并且为了补偿税吏，第二年也需要额外征收一笔税款。如果税吏自身破产了，那么选出他的教区就必须当着选举地域总税收官吏的面，对那个税吏的行为负责。但是，对于总税收官吏来说，要控诉整个教区恐怕也太麻烦了，所以，通常的做法是，从那个教区中任意选定五六个最富有的纳税人，让他们补偿税吏没有能力支付的损失，以后再通过对整个教区额外征收赋税而补偿他们。这种额外征收的税款，通常是特定年度贡税以外的附加款项。

当对某个特定商业部门的利润征税时，商人们就会注意让投入市场的货物量可以卖得的价格足够补偿他们垫付的税额。他们采用的方法之一就是从营业上撤回一部分资金，从而让市场上的供给比以前少。货物的价格因为供给的减少而提高，那么税款最后就由消费者支付了。但是，当对一种农业资本利润征税时，农民如果从投向农业的资本中撤走一部分，一定不会得到什么利益。从事农业生产的人需要对土地支付地租。要想让土地适合耕作，必定需要一定量的资本，如果他把必要的农业资本撤走一部分，那么就必然会没有能力支付地租和赋税。为了要支付赋税，他也绝对不能用减少生产物数量的办法来维护自己的利益。另外，他想要通过提高生产物价格的方法，将赋税的最后征收转移给消费者也是行不通的，赋税绝对不能让他提高生产物的价格。不过，从事农业的人和从事其他行业的人一样，必须得有合理的利润，否则他就会放弃自己的职业。在有了赋税这项负担之后，农民只有通过对地主少付地租的方法才能让自己得到合理的利润。他需要缴纳的赋税越多，能够提供的地租就越少。如果这种赋税开始于租约未满之前，那么农民一定会遭受损害，甚至没落。可是，当租约更新时，这种赋税就会转嫁给地主。

在要缴纳个人贡税的各个国家，因为农民要缴纳的税款通常是和他在耕作上使用的资本成比例的，所以他通常都不敢使用好的车马，而总是竭尽所能地使用那些最落后、最没有价值的耕作农具。由此可见，他非常不信任税吏，觉得税吏不会公平估价，害怕缴纳沉重的赋税，所以就假装贫困，从而表明没有能力纳税。采用这种祈求怜悯策略的人，估计是没有仔细地考虑自己的利益。他从这种生产物的减少中损失的，说不定比他通过少缴赋税而节约的还多。虽然这种不尽心的耕作会让市场上的货物减少，从而提高货物的价格，但是提高的那点儿价格或许连补偿生产物的损失都不够，更别说给地主支付更多的地租了。这种耕作上的不尽心，会让国家、农民和地主三方都蒙受损失。至于个人贡税是如何阻碍耕作，从而让国家的一个重要财源枯竭的，在本书的第三篇里面已经讲过了。

北美南部各州及西印度群岛有所谓的人头税，也就是对每个黑奴逐年征收的税，更确切地说，就是加在农业资本利润上的一种税。因为大部分的耕作者都是农民兼地主，所以最后支付这种税的，就是同时充当着地主的他们。

对农业使用的农奴征收一定数量的税，似乎整个欧洲以前都实行过。现在，俄罗斯也还在实行。也许就是由于这个原因，很多人都觉得人头税是奴隶制度的象征。然而，对于纳税的人来说却正好相反，所有的税不但不是奴隶的象征，相反还是自由人的象征。一个人纳税，虽然表示他隶属于政府，但是既然有了自己的财产，就表示他自身不再是主人财产的一部分了。施加在奴隶身上的人头税和施加在自由人身上的人头税是完全不同的。后者是由纳税人自己支付的，前者是由其他的人代付的。后者完全是任意的，或者是不公平的，而在大多数情况下，都是既任意又不公平的。至于前者，虽然在一些方面是不公平的，但是不同的奴隶有不同的价值，所以并不是任意的。主人知道自己有多少奴隶，也就明确地知道自己应该纳多少税。不过，因为这种不同的税有相同的名字，所以通常被人认为是性质一样的。

荷兰对于男女仆人征收的税，不是施加在资本上的，而是施加在开支上的，所以，就像是一种加在消费品上的税。最近，英国对每个男仆征收的赋税为21先令，和荷兰征收的税率相同。这种税让中产阶级承受了最沉重的负担。因为每年收入百镑的人，可能要雇用一个男仆；每年收入万镑的人，却不会雇用50个男仆。至于贫民，则是不会受到影响的。

施加在特定营业上的资本利润税，绝对不会影响货币利息。一个放债的人绝对不会对无税经营的借贷人要求更多的利息，而对有税经营的借贷人要求更少的利息。如果一个国家的政府想要用正确的比例对各种营业的资本征收赋税，那么在许多情况下，应该会降低货币利息。法国的二十便士取一税，和英国所谓的土地税相同，同样把土地、房屋和资本的收入作为对象，不过这种税虽然没有很严苛地对资本征收，但和英国土地税相比却正确多了。在很多情况下，这些都完全来自货币利息。在法国，货币通常按照所谓的年金契约（一种永久地年金，债务者如果能够偿还原来借的金额，就可以随时偿还，但是债权者除了特殊情况外，不允许请求赎回）偿还。所以，二十便士取一税虽然对所有的年金征收正确的赋税，但是却不能提高这个年金的比率。

第一项和第二项的附录加在土地、房屋、资财上的资本价值税

当财产归同一个人所有时，不论对于这种财产所征收的税多么恒久，目的都不在于减少或者划去财产中任何部分的资本价值，而只在于划走其财产收入中的一部分。但是当财产的主人更换时，也就是由死者转移到生者，或者是由一个生者转移给另一个生者时，所征收的财产转移税就一定会划去财产资本价值的一部分。

由死者转移给生者的所有财产，以及由生者转移给另一个生者的不动产，比如土地、房屋等，在转移的性质上通常是公开的，是众所周知、不能长久地隐瞒的，所以对于这种对象，国家是可以直接征税的。至于生者彼此间通过借贷关系而发生的资本或者是动产的转移，却通常是秘密性的，而且是可以保守秘密的。要对这种秘密的事情直接征税非常困难，所以国家采取了下面两种间接征税的方法：一、规定所有的债务契约必须写在赋予了一定额度印花税的用纸或羊皮纸上，否则就没有效力；二、规定这种彼此间的授受行为，必须注册，并征收一定的注册税，否则同样没有效力。对于容易直接征税的财产的继承及不动产的变卖，也经常征收这种印花税及注册税。

古代罗马由奥古斯都定立的二十便士取一的遗产税，就是对于死者的财产转移给生者时征收的转移税。迪昂·卡西阿斯曾经对这种税有过明确的记述。据他说，尽管这种税对所有的继承、遗赠及死时的赠予行为都有效，但是如果受惠者是最亲的亲属及贫苦的人，那么就免征赋税。

在继承方面，荷兰征收的税和上面的种类相同。凡是属于旁系继承的就根据亲疏关系的顺序，对于继承的全部价值征收5%~30%的继承税。对于旁系的遗言赠予或遗赠，也按照这个税法征收赋税。夫妻之间转移财产（丈夫转移给妻子或者是妻子转移给丈夫），都按照1/15的税率征收赋税。如果财产在直系间转移，并且是从小辈转移给长辈的悲惨转移，那么通常按照1/20征税。如果财产在直系间转移，并且是从长辈转移给小辈，那么通常情况下就不征收赋税。父亲的逝去，对于生前一起生活的子女来说，不但不能增加收入，还往往会让收入大大减少。因为父亲去世后，他的辛勤劳动、在世时所享有的官职，或某些终身年金都会消失，如果再通过征税划走其财产的一部分从而造成更大的损失，那恐怕就太残酷了。但是，对于罗马法所说的解放过了的子女，或苏格兰法律上所说的分过了家的子女，往往又另当别论。因为他们通常都是分有一部分财产，有了自己家庭，并且不依靠父亲过生活，有独立的经济来源。父亲每留下一分财产，他们的实际财产就会增加一分。所以，这种继承税和施加在其他遗产上的税相比，恐怕不会引起更多的不便。

根据封建法律，对死者转移给生者和生者之间的土地转移都征税。原来，欧洲各个国家还把它当作国王的主要收入来源之一。

国王的封地通常由直接封臣拥有。当封臣把国王的封地转移给继承人时，需要支付相当于一年地租的税款。如果继承者还没有成年，那么在他成年前的这段时间，这块封地的地租就全部都归国王所有，国王除了抚养未成年人外，没有任何负担。如果继承人是个寡妇，那么封地的地租也归国王所有，国王只需要给寡妇支付一定的生活费就可以了。当继承者成年后，他需要给国王支付一种交代税，大约也相当于一年的地租。在现代，如果需要很长的一段时间才能成年，那么通常可以解除面积广大的地上的所有债务，从而恢复家族原来的繁荣，但是在当时却不会产生这样的结果。那时，通常的结果不是债务的解除，而是土地的荒废。

根据封建法，拥有土地的人没有得到领主的同意，不能私自转让，想要获得领主的同意，通常需要缴纳一笔补偿金。刚开始的时候，这种补偿金性质比较随意，后来许多国家都把这种补偿金规定成了土地价格的一部分。虽然在一些国家，许多的封建惯例都废止了，但是这种土地税却依然延续着，而且还是君主收入的一大来源。在伯尔尼联邦中，这种税率非常高。贵族拥有的土地按照价格的1/6征税；平民拥有的土地按照价格的1/10征税。在卢塞恩联邦，土地变卖税只存在于一些地区，并不很普遍。但是，一个人如果为了迁移到其他地方居住而变卖土地，那么就要按照它变卖价格的1/10缴税。此外，在其他的许多国家，对于一种土地的变卖，或者是对于依据一定的保有土地法而保有的土地进行变卖，征收的赋税或多或少都是君主的一项重要收入。

上面所说的各种税都是间接的，或者是通过印花税征收，或者是通过注册税征收。而这种税，有些和转移物的价值成比例，有些则不和转移物的价值成比例。

英国的印花税，没有按照转移物的价值征收（最高金额的借据也是只要支付1先令6便士或者是2先令6便士的印花税就够了）。契据的性质不同，所征收的税也就不同。征收的最重赋税也只有6镑，通过购买税纸或者羊皮纸缴纳，这种高额的税款大多数是以国王特许证书及某些法律手续为征税对象的，而和转移物的价值没有什么关系。英国对于契约或者是文件的注册不征收任何的赋税，如果有的话，也只不过是管理登记册的官员的手续费罢了。这种手续费很少超过管理者劳动应得的合理报酬。至于君主，并不能从中得到任何好处。

在荷兰，实行的既有印花税又有注册税。这种税，有时候按照要转移财产价值的一定比例征收；有时候又不按照一定的比例征收。所有的转移证书都必须写在印花纸上，这种纸的价格又和所处理财产的价格成一定的比例，所以，印花纸的种类，就有3便士或3斯泰弗一张的，也有300佛洛林（也就是27镑10先令）一张的。如果具备的价值低于它应该具备的价值，那么它继承的财产就会被全部没收。除了汇票及其他的商用票据外，所有一切票据借据都应该全额缴纳印花税。需要注意的是，这种税不依据转移物价值的比例而提高。所有房屋土地的变卖，以及所有房屋土地中用来作为抵押品的都需要注册，并需要给国家缴纳变卖品或抵押品价格的2.5%作为注册税。这种税法也适用于载重200吨以上的船舶（不论有没有甲板）的变卖。之所以也适用于船舶，估计是把船舶看成了水上的房屋。此外，根据法院命令而变动的动产，也同样需要缴纳2.5%的印花税。

法国也是印花税和注册税同时实行的国家，印花税被当作了国内消费税的一部分，而实行这种赋税的各州，通常由征收国内消费税的官吏负责征收。注册税成了国王所有收入的一部分，由其他官员负责征收。

虽然对印花和注册征税的方法是近代的产物，但是，大约在100年前，印花税就几乎已经通行于整个欧洲了，注册税就更普遍了。一个政府向其他政府学习技术时，如果学的是从人民的腰包中掏取金钱的技术，那么就会学得很快。

对财产由死者转移给生者征收的赋税，最终直接落在了接受这种财产的人身上。对土地变卖征收的赋税，却完全落在了卖土地的人身上。卖者变卖土地往往是迫不得已，必须得到他所能得到的价格。对于买者来说，则没有必要非买不可，所以，他只愿意出想出的价格。买地人把土地花费的价格和赋税放在一起计算，必然是支付的赋税越多，他愿意为土地支付的价格就越少。所以，这种税通常是由那些经济情况比较差的人承担的，是有残酷的压迫性的。至于对新房屋的变卖（在不卖地皮的情况下）征收赋税，征收的赋税通常来自买者，因为通常建筑商必须得获利，无利可图的话，他就会放弃这种职业。如果税由他垫付了，那么买家通常总得补偿他。对变卖旧房屋征收的赋税，通常和对土地变卖所征收的税相同，最后都是由卖家承担的。因为，卖房者一定是有迫不得已的理由，或者是卖了对他来说更方便一些。每年能够卖出去多少新房屋，在一定程度上受需求的支配。如果需求不能再给建筑商提供利润，那么他就不会继续建造了。至于每年能够卖出去多少的旧房屋，却是受偶发事件的支配，和需要没有什么关系。如果一个大城市中有两三件大破产事件发生，那么就有许多房屋要出售，并且都会以能够得到的价格出售。对变卖地皮征收的赋税，也通常由卖者承担，理由和变卖土地相同。借贷字据契约的印花税和注册税，全部都由想借款的人承担，而通常也都由他支付。至于对诉讼事件征收的印花税和注册税，通常由诉讼者缴纳；不过，对于原告和被告两方面来说，都会让诉讼对象的资本价值减少。为了争取某种财产花费得越多，最后到手的纯价值就越少。

如果一种财产转移税会减少其资本价值，那么就一定会减少用来维持生产性劳动的资源。人民的资本只是用来维持生产劳动者的，而君主的收入则多数都是用来维持非生产性劳动者的，既然一种税收是通过牺牲人民资本来增加国君收入的，那么一定会在某种程度上造成奢侈浪费。

就算这种税是按照转移物价值的一定比例征收，也仍然是不公平的。以价值相等的财产为例，每转移一次，财产的价值就发生一次变化。如果不按照价值的一定比例征收（大部分的印花税和注册税都是这样），那么就更不公平了。不过，这种税在任何的情况下都是明确而固定的，不会出现任意决定的情况。虽然有时难免会施加在那些根本没有能力承担的人身上，但是支付的时间对于纳税者来说还是很方便的。当支付日期到来的时候，他通常总有钱支付。此外，这种赋税的征收费非常少，除了纳税本身是一种没有办法避免的不便外，通常，纳税者不会遭受其他的不便。

在法国，人们很少抱怨印花税，但是，对于被称为康特洛尔的注册税却怨声载道。总体来说，康特洛尔的任意性和不确定性非常强，它的目的就在于多给那些负责征收赋税的官吏提供勒索的机会。所以，反对法国现行财政制度的出版物，大多数都以这种注册税的弊端为主题。不过，不确定性似乎还不是这种税收的根本性质。如果群众的抱怨是有根据的，那么弊端更应该源于征收赋税的法令或法律用语不够精确、明了，而不是源于这种税的性质。

抵押品及所有不动产权利的注册，因为可以在很大程度上成为债权者及买入者双方的保障，所以对人民大众非常有利。至于其他大部分契据的注册，就不但不会给人民大众带来什么利益，还往往给人民大众带来不便，甚至危险。一般情况下，认为应该作为秘密保守的册据绝对不应该存在。个人的信用绝对不应该靠像下级官吏那种忠诚度和正直度都很低的人和机构来保证。但是，在那些注册费成了君主收入源泉的地方，应该注册的当然要注册，就算是不应该注册的也会被强迫注册，因此需要毫无节制地增设注册机关。法国有各种秘密的注册簿。虽然这种弊端不是这种税的必然结果，但是我们必须得承认，这种税非常容易导致这种结果。

英国对纸牌、骰子、新闻纸甚至定期印刷物等征收的印花税，确切地说都是消费税，最后都是由使用或消费这种物品的人承担的。对于麦酒、葡萄酒及火酒的零售营业执照征收的税款，虽然本来是要加在这些零售商人的利润上的，但是最后同样也是由消费者承担了。像这种税，虽然名字叫作印花税，也和上面所说的财产转移税一样，由同样的官吏用同样的方法征收，但是性质完全不同，而且最后承担这项赋税的人群也完全不同。

第三项　劳动工资税

在本书的第一篇我曾经努力的说明过：不论在哪儿，底层劳动者的工资都受两种情况的支配，这两种情况就是对劳动的需要和食物的一般平均价格。劳动的需要，也就是指是需要更多的劳动、只需要这么多，还是需要更少的劳动？换句话说，是需要人口数目增加、保持不变，还是减少？它不但决定了劳动者的生活资料，同时还决定了生活资料充足、一般或贫乏的程度。至于食物的一般平均价格，则决定了支付给劳动者的货币量，这个货币量是让劳动者每年平均能够购买这些或充裕、或一般、或缺乏的生活资料的。当劳动需要和食物价格保持在同样的状态时，对劳动工资直接征税的唯一结果就是让工资提高的比率比这种税率稍微高一点。例如，如果有一个特别的场所，那里的劳动需要和食物价格让劳动普通工资为每周10先令。同时假设，对工资征收的税率为1/5，也就是每镑4先令。如果劳动需要及食物价格保持不变，劳动者仍然需要在那个地方，获得每周10先令能购买到的生活资料。换句话说，在缴纳过工资税之后仍然需要有10先令的纯收入，那么为了要让劳动者在征收之后还可以有这个数额的工资，这个地方的劳动价格就一定会马上提高，不但会提高到12先令，而且会提高到12先令6便士。也就是说，为了要让他可以支付那1/5的工资税，他的工资立即提高的比率不但有1/5，而且达到了1/4。不论工资税率是多少，在所有的情况下，工资总会按照这个税率的比例提高，而且通常还会稍高一点。比如，如果工资税率为1/10，那么劳动工资提高的比例就不是1/10，而是1/8。

虽然对劳动工资直接征收的税可能会由劳动者支出，但是确切地说，就连由他垫付也算不上，至少在征税前后，劳动需要和食物价格保持不变时是这样。在这种情况下，不但工资税，就连超过这项税款的其他部分也都是由雇用他的人垫付的。至于最后支付这项税款的人，在不同的情况下则是不同的人。当从事制造业的劳动者的工资因为征收工资税而增加时，垫付这种款项的就是制造业主，制造业主有资格而且也必须把垫付的金额以及金额的利润转嫁到货物的价格上。因此，最后支付工资提高额及额外利润的就是消费者。对乡村劳动工资征税而提高的数额，将由农民垫付。农民为了维持和以前相等的劳动人数，肯定需要比原来多的资本。为了收回这较多的资本并给资本提供普通利润，他就必须留下比原来多的土地生产物，或者是土地生产物的价值。结果，他只能减少要付给地主的地租。所以，劳动工资的提高额和利润都是由地主承担的。总之，在所有情况下，对劳动工资直接征税，总会引起地租的降低或制造物价值的增加。不过，这减少和增加的额度都会超过本来缴纳的税款（减少或增加的额度，一部分最后由土地地租承担了，一部分由消费品承担了）。

如果直接对工资征收的税款没有让工资根据税率而相应地提高，那应该是因为对劳动的需要因此而在总体上有了下降。产业的衰退、提供给贫民的职业的减少、一个国家土地劳动年产物的降低，通常都是直接对工资征税的结果。不过，因为这种税，劳动价格通常比没有此税时稍微高了一些。并且，这种价格上的提高，和垫付这种价格的人的额外利润，最后不是来自地主，就是来自消费者，和劳动者没有任何关系。

对乡村劳动工资征收的赋税，并不会按照这种税的税率而提高土地原生产物的价格，理由和农民利润税不会按照税率提高土地生产物的价格一样。

这种非常不合理的税种，竟然有许多国家都在实行。法国的个人贡税中，有一部分以乡村劳动者及日工劳动者的报酬为征税对象的税种，就和这种税非常相似。这些劳动者的工资，根据他们所在地的普通工资率计算，并且为了让他们尽可能地少承受额外的负担，每年只按照200个工作日的工资计算。每个人承担的税款，根据各年的情况而不同。这种情况的评定，一般取决于税吏或州长派来协助税吏的委员。波西米亚开始于1748年的财政改革的结果是，对于手工业者的劳动征收一种非常沉重的赋税。这种手工业者被分成了四个等级：第一个等级每年需要纳税100佛洛林，每佛洛林相当于1先令10.5便士，总共算起来，一年约有9镑7先令6便士；第二个等级每年需要缴纳赋税70佛洛林；第三个等级需要缴纳50佛洛林；第四个等级（其中就包括了乡村手工业者和城市最底层的手工业者）需要缴纳25佛洛林。

在本书的第一篇中，我讲过：优秀艺术家及自由职业者的报酬，一定是和从事比较底层职业的人的薪酬成一定比例的。因此对于优秀艺术家及自由职业者的报酬征税的必然结果，就是让报酬以略高于税率的比例而提高。如果这种报酬没有提高，那么优秀的艺术和自由的职业就不能和其他职业处在同等的利润水平上，从事这种产业的人将会减少，从而用不了多久，他们的利润水平又会提高。

因为政府官员的报酬不像普通的职业报酬那样受市场自由竞争的支配，所以这种职业的性质和薪酬，通常并没有保持适当的比例。在大多数国家，政府官员的薪酬都高于它性质应该要求的限度。管理国家的人，通常都会给自己或者是自己的直接从属人员以超过合适额度的报酬。因此，在大多数情况下，对于政府官员的报酬都是应该征收重税的。再加上，担任国家公职的人，尤其是担任有利可图的国家公职的人，不论在哪个国家都是人民嫉妒厌恶的对象，因此，对他们征税更是人心所向。对于他们的报酬征收赋税，就算税率比其他种类的赋税高再多，也只会大快人心。例如，根据英国土地法，对所有其他种类的收入都根据每镑4先令的税率征收赋税，但是对于那些年薪百镑以上的官员的薪俸，就按照每镑5先令6便士的税率征收赋税，这种举措受到了人民的热烈欢迎。至于那些皇室成员的年金、海陆军军官的薪俸，以及其他不很被人妒忌的官员的薪水，就不在征税之列了。除此之外，英国就没有对劳动工资再直接地征收什么税了。

第四项　原本打算毫无区别地对各种收入征收的税

原本打算毫无区别地对各种收入征收的税，就是人头税和消费品税。这种税必须不分彼此地让纳税人从自己的各种收入中支出——不管其收入来自土地的地租、资本的利润还是劳动工资。

人头税

如果人头税想要按照纳税人的财富或收入的一定比例征收，那么就会完全变成武断随意的了。因为一个人的财产状况是每天都不同的。如果不进行烦琐到难以忍受的调查，并且至少每年更新一次，那么就只有全部靠推测了。因此，关于一个人要缴纳的税额的评价，必然会随估价者一时的好恶而变化，结果，当然是非常随意而不确定的。

如果人头税不按照一个人被估定的财产的一定比例，而是按照一个人身份的一定比例来征收，那么就要成为完全不公平的了。身份相同的人，富有程度通常是不一样的。

因此，如果想要让这种税公平，那么它就会完全变成随意的和不确定的；如果想要让这种税确定而不随意，那么它就会变得完全不公平。不管这种税的税率是轻还是重，其不确定性是最容易招致不满；如果征收的是轻税，那么一定程度的不公平还可以勉强接受，如果是重税，那就几乎没有办法容忍了。

在威廉三世统治时期，英国曾经实行过各种人头税。纳税者大部分都是有一定身份的人。根据身份的高低分为公爵、侯爵、伯爵、子爵、男爵、士族、绅士及贵族长子和末子等。所有财富在300镑以上的商人，也就是属于商贾中小康阶层的人，都需要缴纳同样的赋税；至于300镑以上的人的财富程度如何，就根本不予考虑。他们这种人的身份大体上就是从他们的财富考量的。有些人的人头税，刚开始的时候是按照他们被估定的财富征收的，但是后来就开始按照他们的身份征收。例如，法律家、辩护人员、代诉人的人头税，刚开始的时候是按照收入征收的，每镑征税3先令，后来，开始按照绅士的身份征税。如果征收的赋税不是特别重，那么一定程度的不公平，也许还没有什么；但是一旦不确定，就让人难以接受了。

法国从本世纪初开始实行人头税，一种延续到现在。其征收方法为：对人民中的最高阶级，征收的税率不变；但是对于最低阶级，则根据其被估定的财富，每年征收的税都不同。宫廷的官吏、最高法院的法官和其他官吏、军队的士官等，都按照第一种方法征税。各州较低阶级的人民，通常都按第二种方法征税。对于这种不太沉重的赋税，虽然不公平，达官贵人还可以接受，但是却不能忍受州长随意的估价和征税，而下层人民对于其长官认为合适并给予他们的待遇，都是必须默默地承受的。

英国的各种人头税从来没有得到他们期待的金额，也就是没有产出想象上正确的征收应该产生的金额。相反，法国的人头税却常超出它预期的金额。因为英国政府比较温和，当它对各阶层人民征收人头税的时候，经常满足于可以征得的税额，没有能力支付或者是不愿意支付的人（有很多人都不愿意支付），可能会因为法律的宽大而没有被强制执行征收。虽然国家遭受了一定的损失，但是也不要求他们赔偿。法国政府则是比较苛刻的。对每个征税区要征收的数额，州长都会竭尽所能地征收到。如果哪个州抱怨税率太高了，那么在第二年，会按照去年过重负担的比例而减轻，但是本年度评定的赋税还是必须缴纳的。州长为了保证可以征收到足额的税金，有权把人民要纳的金额提高一些，这样如果某个纳税人破产了或者是没有能力支付了，就可以用其他人多缴的那一部分补偿。一直到1765年，这种多征收一些赋税的决定权还是由州长享有的。1765年，枢密院把这种决定权从州长手中收了回来。据博闻强识的法国赋税记录者观察，各省的人头税，贵族和享有不缴纳贡税特权的人承担得比例最轻，而承受了贡税的人承担得比较重，也就是根据他们缴纳的贡税的多少来确定征收的人头税的数额。

如果对下层人民征收人头税，那么就是一种直接对劳动工资征收的赋税，将具有劳动工资税的所有不便。

征收人头税的支出非常有限。如果严格征收，那么的确可以给国家提供一项非常稳定的收入。正因如此，那些不重视人民的安逸、舒服和安全的国家，通常人头税非常普遍。不过，对一个大帝国而言，从这种来源中得到的都只是公共收入很小的一部分，而且这种税收可以提供的最大金额，很容易就可以通过更方便的方法获得。

消费品税

不论施行的是哪种人头税，要想根据人民收入的一定比例征收都是不可能的。就是这种不可能，导致了消费品税的产生。国家找不到合适的方法直接地按照一定的比例对人民的收入征税，所以就想方设法间接地对人民的消费征税。在大多数情况下，这种消费被认为是和他们的收入成一定比例的，所以对人民的消费征税就是对人民花费资财购买的消费品征税。

这里所说的消费品，可以是生活必需品，也可以是奢侈品。

我这里所说的生活必需品，不仅仅是指那些维持生活所必不可少的商品，还包括那些按照一个国家的风俗习惯，如果没有这些商品，不要说体面人了，就连最底层的人民也不好意思见人的所有商品。例如，严格地说起来，麻衬衫并不能算是维持生活所必需的。我猜测，虽然没有亚麻，希腊人和罗马人也还是生活得很好。但是，一直到现在，在欧洲的大部分国家，就算是一个做日工的人，如果没有穿麻衬衫，也不好意思出去见人。在人民的想象中，没有麻衬衫是表示一个人穷到了没有脸面的地步，并且，一个人只有做了坏到极致的事情，才会穷到那个地步。不仅仅衬衫，风俗还用同样的方式让皮鞋成了英国的生活必需品，顾及脸面的男人和女人，就算是再穷，不穿上皮鞋也是绝对不会出去丢脸的。在苏格兰，虽然习俗也让皮鞋成了哪怕是最下层男子的生活必需品，但是却没有成为最下层女子的生活必需品——如果一个最底层的女子赤着脚，没有什么不体面的。所以，在我的解释中，生活必需品不仅包含了那些在自然情况下应该是最底层人民生活必需品的商品，也包含了那些按照习俗上的礼节为最底层人民所必需的商品。除此之外，其他所有的商品，我都称其为奢侈品。

不过，尽管称它们为奢侈品，却并不是对人民适度地消费它们的责难。例如，英国的啤酒、麦酒，甚至是生产葡萄酒国家的葡萄酒，我都称之为奢侈品。不论哪个阶级的人民，如果完全不喝这种饮料，绝对不会引起其他人的非难。因为，在自然的情况下，它没有成为维持生活的必需品，而各地的风俗习惯也没有让它成为如果没有就有失脸面的必需品。

因为各地的劳动工资一方面受劳动需要的支配，另一方面受生活必需品平均价格的支配，所以，所有可以提高生活必需品平均价格的因素，都会提高劳动工资。因此，不管对劳动需要的状态是增加、不变还是减少，劳动者仍然可以按照相应状态要求的程度购买到他需要的一定量的生活必需品。对这些生活必需品征收的税，一定会提高其价格，并且提高的额度会稍微高于税额，因为垫付这种税款的商人是一定要从这种垫付中获利的。因此，这种生活必需品税，一定会让劳动工资按照生活必需品价格提高的比例而提高。

这样一来，对生活必需品征收的税，就和对劳动工资直接征收的税款所产生的影响相同。虽然劳动者需要支付这种税款，但是至少在相当长的一段时间里，他甚至连垫付都算不上。这种税经常会通过提高了的工资率由其直接雇主垫付。如果雇主是个制造业者，那么他将把这种增加的工资连同利润一起转嫁到货物的价格上，所以最后支付这种税及其额外利润的，就是消费者。如果雇主是个农场主，那么最后支付这种税的就是地主。

对所谓的奢侈品征税，甚至是对贫穷者消费的奢侈品征收赋税，情况就不一样了。被征收赋税的奢侈品价格的提高，并不一定会引起劳动工资的提高。例如，香烟既是富有者的奢侈品，也是贫穷者的奢侈品，但是对这种奢侈品征收的税，不会让劳动工资提高。在英国，香烟的税率为300%，在法国，香烟的税率为1500%，税率如此之高，但是劳动工资却没有因此受到影响。在英国和荷兰，茶和砂糖已经成为最底层人民的奢侈品了；在西班牙巧克力糖也是这样。对这些奢侈品征收的赋税就和对香烟征收的赋税一样，也没有提高劳动工资。在本世纪，英国对各种酒类征收的赋税，并没有人想过会对劳动工资产生什么影响。对浓啤酒额外征收的每桶3先令的税，虽然让黑啤酒的价格猛增，但是伦敦的普通劳动工资却并没有因此提高。在没有征收这种附加税之前，劳动者们的每日工资为18~20便士，而现在，他们的劳动工资也大致如此。

这种商品高昂的价格，不一定会削弱底层人民维系家庭的能力。对于质朴而勤劳的贫苦人民来说，这种税就和禁止奢侈的法令一样，目的都在于让他们适度消费，或者是完全不消费那些不能轻易买到的奢侈品。这种强制节约，让他们维系家庭的能力不但没有因为这种税而削弱，反而通常会因为这种税而增强了。通常说来，维系大家庭并提供有用劳动需要的，主要都是这些质朴而勤劳的贫苦人民。但是，并不是所有的贫民都是质朴而勤劳的，也有一些不节俭而胡乱挥霍的贫苦人民在奢侈品的价格已经提高了以后，仍然像原来一样消费。至于这种胡乱挥霍的行为会给自己的大家庭带来什么样的困难，他们从来没有考虑过。像这种胡乱挥霍的人，很少能够维系一个大家庭，他们的孩子大多数都因为没有得到良好的照顾、抚养，缺少食物及卫生不好而夭折了。就算他们的孩子身体强壮，能够忍受父母的胡乱挥霍行为造成的痛苦，但是父母胡乱挥霍的行为给他们树立了坏榜样，让他们通常也会丧失良好的德行。这些儿童长大后，不但不能给社会贡献自己的辛勤劳动，还会成为危害社会风气的害群之马。因此，贫民消费的奢侈品价格的提高，虽然难免会增加这种胡乱挥霍的人的家庭困难，从而削弱他维系家庭的能力，但是从整个社会来说，不会大大减少一个国家的有用人口。

相反，不管生活必需品的平均价格提高了多少，如果劳动工资不相应地提高，就一定会削弱贫苦人民维系家庭的能力，从而减弱其提供有用劳动需要的能力，不管劳动需要的状态是增加了、不变还是减少了（换句话说，所需要的人口是增加了、不变还是降低了）。

对奢侈品征收的赋税，除了会提高商品本身的价格外，对其他任何商品的价格都没有提高作用。但是对生活必需品征收的税，因为提高了劳动工资，所以一定会提高所有制造品的价格，从而缩小它贩卖和销售的范围。奢侈品税最后是由消费者无偿支出了，它们不分彼此地由土地地租、资本利润和劳动工资三种收入承担。生活必需品税则在它们影响贫民的范围内，最后，一部分由地主通过减少地租支付了；一部分通过提高了的制造品价格，最后由富有的消费者（地主及其他人）支付了，而且他们承担的往往还有一个相当大的额外负担。真正是生活必需品，且为贫民消费的制造品（如粗制的毛织物）价格的提高，最后都会通过提高了的工资而让贫民得到补偿。中产及富有阶级的人如果真的明白自己的利益，就应该反对对生活必需品征税，反对对劳动工资直接征税。因为最后支付这种税款的都是他们，而且他们同时还需要额外承担一个相当大的负担。尤其是地主，负担最重，对于这种税，他需要用双重身份支付：一个身份是地主，需要减少地租；另一个身份是消费者，需要支付商品额外增加的费用。马太·德克尔对生活必需品税的论断是很正确的。他认为，某种税施加在某种商品的价格上，有时竟会重复累积四次或五次。例如，皮革的价格，你不但要支付自己所穿鞋子的皮革税，还要支付制鞋及制革工人皮革税的一部分；而且这些工人在为你做鞋时消耗的盐、肥皂及蜡烛等的税，甚至制盐者、制肥皂者、制蜡烛者为你做鞋时所消耗的皮革税，也都需要由你支付。

英国对生活必需品征收的税，主要就是对上面所说的四种商品，也就是盐、皮革、肥皂和蜡烛征收的。

盐应该是最普遍也最古老的征税对象了。罗马曾经对盐征税，我相信，现在所有的欧洲国家也都对盐征税。一个人每年消费的盐量非常少，而且这数量有限的盐还可以零用零购，所以，就算是再重的盐税，在政府看来，也不会让人民难以承受。英国的盐税为每蒲式耳3先令4便士，相当于原价的三倍。在其他国家，这种税要稍微高一些。皮革是一种真正的生活必需品。亚麻布的使用，让肥皂也成了生活必需品了。在冬季夜晚比较长的国家，蜡烛就成了各个行业都必需的工具。英国的皮革税和肥皂税都是每镑3.5便士。蜡烛税则是每镑1便士。皮革税达到了皮革原价的8%或10%，肥皂税达到了肥皂原价的20%或25%，蜡烛税达到了蜡烛原价的14%或15%。尽管这些税和盐税比起来比较轻，但是仍然是非常重的。既然这四种商品都是真正的生活必需品，那么这种重税一定会多多少少地增加那些质朴而勤劳的贫苦人民的花费，从而提高他们的劳动工资。

在像英国这样冬季非常寒冷的国家，不单从烹制食物的角度说，就算是为了在室内作劳动的人的舒适，燃料也应该算是冬季的生活必需品。在所有的燃料中，煤炭是最便宜的。燃料价格对劳动价格产生的影响如此之大，以至于英国所有主要的制造业都集中于产煤区。如果在其他地区，煤炭的价格那么高，人们很难这样方便地进行工作。再加上，在有些制造业（如玻璃、铁及其他所有金属工业）中，煤炭都是其职业上的必要生产工具。如果在某种情况下可以说奖励金的存在是合理的，那么对把煤炭从丰富的地区运往缺乏的地区的运输进行奖励，就可以算是合理的。然而，立法机关不但没有对这种运输实行奖励，反而还对沿着海岸运输的煤炭征税：每运输1吨征税3先令3便士。这对于多数煤炭来说，已经相当于其原价的60%以上了。通过陆运或者内河运输的煤炭，一律不征税；对于煤炭价格天然低廉的地方不征税，而对于煤炭天然价格昂贵的地方却反而要征收重税。

这些的税虽然提高了生活必需品的价格，从而提高了劳动价格，但是却也给政府提供了一项很难通过其他方法获得的大笔收入。因此，想要继续实行下去是有正当理由的。在现在的农耕条件下，因为谷物输出奖励金有提高这种生活必需品价格的趋势，所以，就一定会产生上面所说的各种恶劣后果；但是，它不但不能给政府提供收入，反而还会花费政府一笔很大的费用。对外国谷物的输入征收重税，在丰收的年份就相当于是禁止了；对活家畜及腌制食品输入实行的绝对禁止，也只适用于法律的普通状态下，因为现在这种物品非常缺乏，因此一定会在一定的时期内，不再禁止爱尔兰和英国殖民地这种物品的进口。这些规定都会产生生活必需品税会产生的所有恶劣结果，并且，对于政府而言，都没有任何收入。所以，要废止这些规定，除了让大众确信建立这种规定的制度完全没用之外，似乎不需要采用其他方法了。

和英国相比，其他国家对生活必需品征收的税要高很多。很多国家，对磨坊研磨的麦粉及粗粉征税，对火炉上烤制的面包还征税。在荷兰，城市中人们消费的面包的货币价格就因此而增加了一倍。住在农村的人，则有其他种类的税代替这种税的一部分，也就是根据每个人被推想、认为所消费的面包的种类，每年征收一定的赋税。例如，消费小麦面包的人，每年需要缴纳3盾15斯泰弗的税，约合6先令9.5便士。据说，这种税，以及其他一些这种性质的税，已经通过提高劳动价格而让荷兰大部分的制造业荒废了。在米兰公国，热那亚各州，摩德拉公国，帕马、普拉森舍、瓜斯塔拉各公国，甚至在教皇领地，都可以见到这种性质的税，只是没有那么繁重罢了。法国作家名拉·列福麦提尔曾经提议改革本国的财政，希望用这种破坏性非常大的赋税代替其他各种税中的大部分。这一行为，就像西塞罗所说的，“就算是再荒谬的事，有时也会有一些哲学家支持”。

对家畜肉征税比对面包征税更普遍。当然了，家畜肉到底是不是生活必需品还有待考证。但是据经验来说，有了稻谷和其他的蔬菜，再加上牛奶、干酪和牛油（就算没有牛油，也可以用植物油代替），就可以提供非常丰盛、卫生、营养而让人精神抖擞的食物了。在很多地方，风俗习惯会要求一个人穿一件麻衬衫、穿一双皮鞋，但是却没有一个地方会要求人们必须吃家畜肉。

对消费品（不论是生活必需品还是奢侈品）征收赋税，通常有两种方法：第一，以消费者曾经使用或消费某种货物为理由，要求他每年支付一定数额的赋税；第二，当货物还在商人手中，没有到达消费者手中之前，就征收一定数额的赋税。一种不会立刻消费完或可以使用很长时间的商品，适宜用第一种方法；一种可以立刻消费完或消费得比较快的商品，适宜用第二种方法。对马车及金银器皿征收的税就是用第一种征税方法的实例；国内消费税及大部分的关税，则是用第二种方法征税的实例。

如果好好保养，一辆马车可以用10~12年。对它征税，当然可以采用在它还在制造者手中时一次征收的方法。但是对于购买马车的人来说，为了保有马车的拥有权而每年缴纳4镑，是比一下子支付40镑或48镑的附加价格（大约等于购买者在使用马车期间要支付税额）更方便的。同样，有时一件金银器皿可以使用100多年，从消费者的角度考虑，对金银器皿每盎司每年征收约相当于其价值1%的5先令，是比一下子支付完约相当于年税额25倍或30倍的金额更容易的。因为，在第二种情况下，这种器皿的价格至少要提高25%甚至是30%。对房屋来说，就算是征收的税额相同，也更适合每年征收小额的赋税，而不适合在房屋刚建好或者变卖时，一下子用沉重的税率把税额征收完。

马太·德克尔爵士有一个著名的建议，他主张所有的商品，包括可以立刻消耗掉的商品，都应该按照下面的方法征税，也就是消费者为了得到可以消费某种商品的许可证，而每年缴纳一定的金额，不需要由商人垫付。这个建议的目的是想要撤除所有的进口税和出口税，让商人可以把全部的资本和信用都投入到购买货物及租赁船舶上，让资本或信用的任何部分都不必被转用在垫付税金上，从而促进所有贸易，尤其是中间商贸易的发展。但是用这种方法对那些立刻就可以消耗掉的产品征税，似乎难免会因为下面的四个弊端而遭到责难：一、这种税比用普通方法征税更不公平，也就是说，更不能正确地按照各个纳税者的费用和消费的一定比例征收。由商人垫付的麦酒、葡萄酒及火酒税，最后都可以通过消费者消费的数量按照正确的比例支付出来。但是，如果这种税是通过购买饮酒许可证支付的，那么从和消费的酒量所成的比例来说，喝得少的人就比喝得多的人承担的税重多了，经常大宴宾客的家族所承担的赋税，也就比那些很少大宴宾客的家族承担的赋税轻多了。二、根据这种征税方法，对这种可以消费某种商品的许可证征收的税，或者是一年一次，或者是半年一次，或者是一季一次，那样一来，对各种立刻可以消费完的商品征收赋税的主要便利之一，也就是陆续支付的便利就要大打折扣了。现在一坛黑啤酒的价格是3.5便士，但是其中对于麦芽、啤酒花、啤酒所征收的各种税以及酿酒者的额外利润，恐怕就只有1.5便士。如果一个劳动者有能力在拿出2便士之后，再多拿出那1.5便士的税，那么他就可以购买到一坛黑啤酒；如果不能，那么他就会满足于购买一品脱，对于他来说，节约了1便士，就相当于得到了1便士。慢慢地他就会从这种节约中获得1法辛（约相当于1/4便士）。税是陆续支付的，他想支付就支付，什么时候有能力支付就什么时候支付，支付行为是完全自发的；如果他想完全不交税也可以。三、这种税执行起来，没有奢侈品取缔法的作用大，一个人一旦购买到了饮酒的许可证，那么他想喝很多也好，想喝很少也好，征收的税通常都一样。四，如果让一个劳动者把自己一年、半年或一季分很多次喝黑啤酒的全部税额，每年，或每半年，或每季一下子全部交清，那么就算没有其他的不便，仅是那个数额也往往是个沉重的负担，让他苦不堪言。因此，这种征税的方法，如果不采用容易造成悲惨结果的强制手段，就不会产出和现在的征税法同样多的收入，但是，现在的征税法却是没有采用任何强制手段的。在一些国家，对那些立刻或很快就可以消费掉的商品征税，采用的就是这种依靠强制手段的方法。荷兰人想要获得饮茶许可证就需要支付一定数额的赋税。此外，以前在荷兰农村，面包也是按照同样的方法征税的。

国内消费税，主要是对那些由本国制造并充当本国消费品的货物征收的税。这种税只对那些使用的最普遍的货物征收。所以，对于哪些货物征税、某种货物的税率是多少，都非常明白而清楚，没有任何疑问。这种税，除了对前面所说的盐、肥皂、皮革、蜡烛，以及普通玻璃征收外，其他的征税对象几乎都是我所说的奢侈品。

似乎关税的实行比国内消费税早很多。这种税之所以被称为“customs”（习惯），估计是因为那是从古代沿袭下来的一种按照惯例需要征收的税款。最早的时候，它好像是对商人利润征收的赋税。在封建时期无政府的野蛮时代，商人和城市中的其他居民一样，人格被污蔑、利益被妒忌，和解放后的农奴处境差不多。既然大贵族们已经同意国王对于他们的个人利润征税，那么对于那些无意保护的商人的利润，他们当然也就乐见其被征收同样的赋税。在那种愚昧的时代，他们不明白不能对商人的利润直接征税这个道理，也就是，他们不明白所有征收的税款和额外追加的一个负担，最后都会转嫁到消费者身上由消费者承担这个道理。

和英国商人的利润相比，外国商人的利润遭到了更不好的对待。

因此，后者承担的税率自然也就比前者更重。对外国商人和英国商人在征税时区别对待，开始于愚昧时代。后来，又因为垄断（为了要让本国商人在外国市场和本国市场都保有优势）延续下来。

古时候对所有种类的货物征收的关税，不管是生活必需品还是奢侈品，也不管是出口商品还是进口商品，都平等征收。那时的人们似乎认为：同样是商人，这种货物的商人没有必要比其他种类货物的商人享有更多的优惠；出口商人也没有必要比进口商人享有更多优惠。

古时候的关税分了三种。第一种，或者说所有关税中最早征收的，是对羊毛和皮革征收的关税。这种税主要或者说全部都是出口税。当毛织业在英国建立时，国王担心毛织物的出口，会让自己不能再享有羊毛税，所以就对毛织物也征收同样的税。其他两种，一个是葡萄酒税，也就是对每吨葡萄酒征收一定数额的税，称为吨税；另一个是对其他所有货物征收的税，也就是对被估定价格的货物按照价格的一定比例征收的税，称为镑税。爱德华三世四十七年（1373年）时，对所有进出口的商品，按照每镑6便士的税率征税。而对于已经征收有特别税的羊毛、羊皮、皮革和葡萄酒，这个法令不再适用。到理查二世十四年（1390年）时，这种税提高到了每镑1先令，三年后，又由1先令减少到了6便士；亨利四世二年（1400年），又提高到了8便士，两年后，再次回到1先令。从那时一直到威廉三世九年（1697年）为止，征收的税率一直都是每镑1先令。吨税和镑税曾经根据同样的法令交由国王管理，称为吨税、镑税补助金。镑税补助金在很长的一段时间里都是按照每镑1先令，或5%征收的——关税中经常说的补助金，通常指的就是这5%的税。这种补助金（现在称为旧补助税），一直到现在还是在按照理查二世十二年（1388年）制定的关税表征收。由关税表确定的纳税货物价值的方法，据说在詹姆士一世以前就曾经实行过。威廉三世九年和十年征收的新补助金，是对大部分货物增收了5%的赋税。在新旧补助税中间，又通过1/3补助金和2/3补助金增加了5%的赋税。1747年的补助金，是对于大部分货物征收的第四个5%；1759年的补助金，是对某些特定货物征收的第五个5%。不但如此，有时为了应对国家的紧急需要，或者是遵从重商主义的原理，从规范国家的贸易秩序考虑，还会对某些特定的货物征收各种各样的税。

重商主义渐渐地为人们所推崇。旧补助税征收的时候，是不分进出口一律征税的。后来的四种补助金，以及其他不时对某种特定商品征收的税，就全部（虽然也有一些例外）都是对进品征收的税了，而原来对本国生产商品及国内制造品的出口，征税的大多数税都减轻了，或者是完全废除了，甚至对一些商品的出口还进行奖励。对于先进口再出口的商品，有时退还它缴纳的进口税的全部，但大多数情况下，都是退还进口税的一部分。进口时以旧补助金的名义征收的税，出口时只退还一半，但是以后面的四种补助金及其他海关税种的名义对大部分货物征收的税，在出口时都全部退还。不受这种给出口大开方便之门并进行奖励，而对进口进行阻碍的影响的货物，只有两三种制造原料。我国的商人和制造业者都乐于用尽可能低的价格购买这些原料，然后再用尽可能高的价格把它卖给自己的外国竞争者。因此，有时候会允许一些外国原料在进口时免税。西班牙的羊毛、大麻和经过初步加工的亚麻丝，就是被允许免税进口的货物。而对于国内原料和殖民地特有原料的出口，有时候完全禁止，有时候则征收重税。比如，英国是禁止羊毛出口的，海狸皮、海狸毛及塞内加尔树胶尽管允许出口，但是要征收重税。因为，英国在占领了加拿大和塞内加尔之后，对这些商品几乎享有了垄断权。

在本书中我曾经讲述过，重商主义对大多数人民的收入和一个国家土地劳动的年产物的增加，并不是多么有利。对于君主的收入的增加，似乎也没有更有利，至少在通过关税获得收入的范围内是这样。

人们推崇这种学说的结果，就是禁止了一些商品的进口。于是，进口商人就被迫走私，但是在有些情况下，走私是完全行不通的，而通过正常渠道，可以进口的数量也非常少。完全禁止外国羊毛进口，则允许进口的外国丝绒量也大大减少。在这两种情况下，通过对进口商品征收关税而获得的收入，就全部没有了。

对许多外国商品的进口征收重税，本来目的在于阻止英国消费这些商品，但是在大多数情况下，这种政策只是达到了鼓励走私的目的，而在所有的情况下，都让关税收入降低了，从而还不能提供征收较轻赋税时可以提供的数额。斯威弗特博士说，在关税的算术中，二加二不是等于四，而通常只能等于一。他的这种观点，对于我们现在正在讨论的征收沉重的赋税来说，是非常合适的。如果重商主义没有告诉我们说，征税赋税不是收入工具，而是独占工具，那么这种征收重税的政策也许就不会被采用了。

对本国生产物及制造品的出口给予的奖励金，以及对大部分外国货物再次出口所退还的税款，曾经引起了很多的欺诈行为，并且引起了对国家收入非常有害的走私行为。就像一般人所知道的，有些人为了得到奖励金或退还的税款，经常货物刚刚装到船上驶出海口，马上又会从本国的其他沿海地方登陆。

为了满足虚荣心，我国的出口商人或者在不征税的货物上显示自己是个巨商；或者为了获得奖励金或退税而在关税登记处上报远超他们实际出口量的货物。这两个方面欺诈的结果就是，从关税的账面上看，我国的出口额远远超过了进口额。这种情况让那些认为可以根据贸易差额来判断国家繁荣与否的政治家们乐不可支。

除了极少数免税商品外，对其他所有商品的进口都征收一定的关税。如果进口的某种商品没有列在关税表中，那么这种商口就根据进口商的宣誓，按其价值每20先令征税4先令9920便士，也就是约等于前面所说的五种补助金或五种镑税和关税之间的比例。关税表罗列的种类是非常全的，很多种类都被列举在内了，有许多是平常不太用，不太被一般人知道的。因此，对于某种商品到底是属于哪种税种、应该按照什么样的税率征税，经常会没有办法确定。这种缺陷往往让税吏弄错，从而经常给进口商造成很大的麻烦、损失和苦恼。所以从明白、正确和容易分辨各个方面来说，关税远不如国产税。

为了让社会上的大多数人民按照他们各自花费的一定比例给国家提供收入，似乎没有必要对花费资财购买的每项物品都征收赋税。不难想象，通过消费税获得的收入和通过关税获得的收入一样，最后同样都是由消费者平等地承担了，但消费税只对那些用途非常广泛、消费非常多的货物课征。于是，很多人认为，如果经营适当，关税也可以同样只对少数货物征收，而不会让国家收入减少，并且给对外贸易带来很大的利益。

现在英国用途最广、消费最多的外国商品，主要是外国的葡萄酒和白兰地酒，美洲及西印度生产的砂糖、蔗糖、酒、烟草、椰子，东印度生产的茶、咖啡、瓷器、各种香料及一些种类的纺织物等。对这些物品征收的赋税恐怕提供了关税收入的大部分。现在对外国商品征收的赋税，如果把刚才列举的外国货物中一些货物的关税扣除，那么就有大部分不是以收入为目的的，而是以单独占有为目的，也就是要让本国商人在国内市场上占有优势。因此，如果废除所有的禁令，对外国商品征收适当的、可以给国家提供最大收入的关税，那么我国的工人就仍然可以在国内市场上享有很大的优势。到那时，现在不能给政府提供什么收入，或者只能提供很少收入的很多商品，就都可以给政府提供很大的收入。

对一种商品征收重税，或者会导致人民对这种商品的消费减少，或者会导致走私增多，最后的结果是，政府通过征收重税得到的收入还没有征收轻税时多。

当政府收入的减少是因为人民消费的减少时，唯一的补救方法就是降低税率。

当政府收入的减少是因为走私增多时，有两种方法可以补救：减弱驱使商人走私的诱因；增加走私的困难。只有降低关税，才能减弱驱使商人走私的诱因；只有建立最方便阻止走私行为的征税制度，才能增加走私的困难。

经验表明，消费税法防止走私活动比关税法防止走私活动有效得多。在性质允许的范围内，把类似于消费税的税务制度引入关税制度中，就能够大大增加走私的困难。这种方法很简单，很多人都曾经想到过。

于是，有人就有了这样的观点：由进口商人承担关税的商品，是要搬运到自己准备好的货仓中，还是保管在国家的货仓里，都由商人自己决定。不过，如果他把货物保存在了国家的货仓里，那么钥匙要由征税官吏掌管，征税官吏不在场，他就不能私自打开。如果他把货物运送到了自己准备好的货仓里，那么国家应该立刻对他的货物征税，而且税款以后不再退还；同时为了确保商人缴纳税款所依照的货物数量和他实际拥有的数量相符，征税官吏需要随时到场检查。如果他把货物运到了国家货仓中，并用来供给国内消费，那么不到出货时，他就可以不用纳税。如果要再次输往国外，那么就完全免税；不过，他需要提供适当的证明，保证他的商品是要出口的。同时，以批发或零售形式贩卖这些货物的商人，需要随时准备接受征税人员的检查盘问，并且需要用适当的凭单，证明自己店铺中或货仓中的全部货物都是支付过关税的。现在，英国在进口蔗糖和酒时，征收的被称为消费税的税种，就是按照这种方法征收的。恐怕这种征税方法很容易就会扩张到对所有进口商品的赋税征收上（如果这种税和消费税一样，征税对象也是少数使用最广泛、消费最多的货物的话）。因为如果现在所有需要征税种类的货物都采用那种征税方法，就需要建设面积非常广大的国家货仓，那恐怕是不容易做到的。更何况，一些精细的货物，或者是需要特别小心保存的货物，商人是绝对不放心把它寄存在别人的货仓中的。

如果采用了这种征税制度，那么就算是关税非常高，也可以大大地防止走私；并且，如果让各种赋税时而提高，时而降低，只是为了给国家（征税通常都是用来作为获得收入的工具，而绝对不是用来作为垄断的工具）提供最大收入，那么只对使用最广泛、消费最多的少数货物征收关税，就至少可以得到和现在的关税纯收入相等的收入。关税要想和消费税一样简单、清楚、正确，也就不是不可能的了。现在，国家收入从支付外国货物再次出口的退税上遭受的损失就完全可以避免了。仅这项节省的数额已经非常巨大了，再加上废除了对国产货物出口发放的奖励金，结果，在实施新制度之后，关税的纯收入无疑至少可以等于没有实施之前。

如果实施这种制度不会让国家的收入有什么损失，那么全国的商业和制造业就要获得很大的利益。没有征税商品（这种商品占大多数）的贸易将完全自由，从而可以为了潜在的利益而运往世界各处。这些商品中包含了所有的生活必需品和所有的制造品原料，因为生活必需品可以自由进口了，所以它在国内市场上的平均价格一定会降低，劳动的货币价格也将按照生活必需品价格降低的比例而降低，但是劳动的真实报酬不会减少。货币的价值是和它可以购买的生活必需品的数量成一定比例的，但是生活必需品的价值却和它所能交换到的货币的数量没有任何关系。劳动的货币价值降低了，国内所有制造品的货币价格也一定会随之降低。这样一来，国内制造品就可以在所有的国外市场上占有一定的优势。一些制造品因为原料可以自由进口了，价格也就一定更低了。如果中国和印度的生丝可以免税进口，那么英国的丝制业者就可以用比法国和意大利的丝制业者更便宜的价格销售其产品。在这种情况下，就没有必要禁止外国丝绒的进口了。本国制造品价格的低廉，不但能够保证我国商人在国内市场上占有优势，而且可以在很大程度上支配国外市场。和现在相比，就连所有需要征税商品的贸易也可以获得很大的利润。如果商品从国家货仓中取出并运往外国时不征收任何费用，那么这种贸易就完全自由了。在这种制度下，各种货物的中间商贸易将享有所有可能的利益。如果那种货物从国家货仓中取出来并没有销往国外，而是供给了国内消费，进品商有机会在把它卖给其他商人或消费者之前不必垫付赋税，那么和刚一输入就需要垫付赋税的情况相比，他就可以用更低廉的价格出售货物。因此，就算经营的是需要征税的产品，征收的税率也维持不变，在这种征税制度下，消费品对外贸易的经营也比在目前的情况下可以获得更大的利益。

非常有名的罗伯特·沃尔波尔消费税案的目的，在于对葡萄酒和烟草建立一种类似于上面所建议的制度。尽管他向议会提出的制度只包含了两种商品，但是一般想来，那只是更广泛的计划的导火索罢了。因此，和走私商人利益一致的营私党派就对这种提案进行了非常不合理的反对。这种反对的程度是那么大，以至于首相都觉得还是把这种提案撤销比较妥当，而且，从那以后，再也没有人敢继续提那个方案了。

对于那些由外国进口，由本国人民消费的奢侈品征收的税，尽管有时有些也会由贫民支付，但是，主要还是由中产及中产以上的阶级人民负担。对外国的葡萄酒、咖啡、巧克力糖、茶、砂糖等征收的关税，都属于这种。

对于本国生产、本国消费的相对比较低廉的奢侈品征收的税，按照每个人花费的比例平均地由所有阶级的人民支付。贫穷的人为自己的消费缴纳麦芽、酒花、啤酒、麦酒的税；富有的人则支付自己及奴仆们消费的这种物品的税。

在这里，需要引起人民注意的是，不论在哪个国家，下层阶级（中产以下的阶级，以后类同）与中层阶级人民的全部消费，和中层阶级与中层以上阶级人民的全部消费比起来，不但在数量上，而且在价值上，都大得多。和上层阶级的全部费用相比，下层阶级的全部费用要大得多。这是因为，第一，各个国家的全部资本，几乎都是用来支付生产性劳动的工资，从而分配在了下层阶级人民中间。第二，通过土地地租和资本利润产生的收入的大部分，都用来支付仆人和其他从事非生产性劳动的人的工资和维持费，从而每一年都分配给了同一个阶级。第三，资本利润中的一部分，是同一阶级中经营小资本的人的收入。不论在哪里，小商店主、店员甚至所有零售商人每年获得的利润额都是非常大的，因此在年收入中，占有一个非常大的份额。第四，土地地租中也有一部分是属于这个阶级的，而在这一部分中，大部分都是归中层阶级所有的，小部分是归最下层阶级人民所有的，因为有时普通劳动者也会保有一两亩土地的所有权。尽管这些下层阶级人民的花费从个人的角度来说非常小，但是，从整个阶级来看，通常却占有了整个社会全部费用中最大的一个部分。如果从一个国家的土地劳动年产物中把他们的部分扣除，那么剩下来供上层阶级消费的，往往在数量上和价值上都是很少的。因此，主要以上层阶级人民的消费为征税对象的消费税，不要说和不分彼此把所有阶级的消费当作征税对象的消费税相比了，就连和只把下层阶级人民的消费当作征税对象的消费税相比也少很多。所以，在所有以消费为征税对象的税收中，能提供最多收入的，要算是以本国生产的酒类原料和制造品为征税对象的消费税了；而消费税，主要都是由普通人民承担的。就以1775年1月5日为截止日的那一年来说，消费税这个部门的总收入达到了3 341 837镑9先令9便士。

不过，我们需要时刻谨记的是：应该征税的是下层人民花费在奢侈品上的费用，而不是花费在生活必需品上的费用。如果对他们花费在生活必需品上的费用征税，那么最后，这种税款将全部都由上层阶级人民承担，也就是由年生产物中的较少部分承担，而不是由年生产物中的较大部分承担。不论在什么样的情况下，征收这种税都会提高劳动工资，或者减少劳动需要。不把这种税的最后支付转嫁给上层阶级人民，劳动价格就没有办法提高；不减少一个国家的土地劳动年生产物，也就是所有税款的最后来源，劳动需要就绝对不会减少。不管这种税让劳动需要减少的程度如何，劳动工资都会因此比没税的时候提高一些。并且，在所有的情况下，最后支付这种工资的一定是上层阶级。

在英国，如果酿造发酵饮料及蒸馏酒精饮料不是为了贩卖，而是为了自己消费，那么是不征消费税的。他们本来免税的目的是让私人家庭不必承受征税官吏讨厌的访问和检查，但是，结果却是富人承担的酒税过轻，而穷人承担的则过重。虽然也有自家酿酒自用的，但是不是很普遍。在乡村，许多的中等家庭及所有的小康家庭，都自己酿造要饮用的啤酒。他们酿造浓啤酒时花费的，每桶要比普通酿造者（他们垫付的所有费用和税金都必须有一个额外的利润）便宜8先令。所以和普通人民（其实他们想要喝啤酒，向酿造所或酒店购买更有利）相比，同样的啤酒，小康家庭饮用的，每桶至少要便宜9~12先令。同样，为了自己消费而制造的麦芽也不用受征税官吏的访问和检查，但是在这种情况下，每个人却需要缴纳7先令6便士的税。7先令6便士等于10蒲式耳麦芽的消费税，而10蒲式耳的麦芽，恰好是勤俭度日的家庭全家平均所能消费掉的数量。可是，富有家庭款待宾客的次数比较多，因此，自己家人消费掉的麦芽饮料只占总消费量的很少一部分。可能是因为这个原因，也可能是因为其他原因，自家制造麦芽终究没有自家酿造酒精那样普遍。但是为什么不对酿造或蒸馏酒精的人和制造麦芽的人平等对待，实行同样的政策呢？我实在是不能给这种区别对待找到正当的理由。

经常会有人认为，对麦芽征收较轻的税获得的收入，会比现在对麦芽、啤酒及麦酒征收较重的税获得的收入多。因为，和麦芽制造厂相比，酿酒厂有更多的机会可以逃税、漏税；而且，为自己消费而酿造酒精的人免税，但是为自己消费而制造麦芽的人却需要承担消费税。

通常情况下，伦敦的黑麦酿酒厂每夸脱麦芽可以酿成2.5~3桶的成酒。各种麦芽税为每夸脱6先令；各种啤酒及淡色啤酒的税为每桶8先令。因此，在黑麦酿酒厂，对麦芽、啤酒和麦酒征收的各种税加起来，就相当于对每夸脱麦芽生产的酒征收了数额为26~30先令的税。在那些打算把产物销售给普通乡村的乡村酿造厂，向每夸脱麦芽及其产物课征的税通常是26先令，很少低于23先令。平均计算，对每夸脱麦芽生产出来的酒所征收的麦芽、啤酒及麦酒等各种税的总额，恐怕整个王国不会少于24~25先令。但是，据说，如果废除所有的啤酒税、麦酒税，而把麦芽税提高到原来的3倍，即对每夸脱麦芽征收的税由6先令提高到18先令，那么仅这一项税获得的收入，就比原来各种重税获得的收入还多。

在1774年，苹果酒的税收收入仅有约3083镑6先令8便士。这个收入可能比其他通常年份的数额偏小，因为这一年对苹果酒各种税征收的数额都在通常年份之下。虽然对浓啤酒征收的税比较重，但是因为重税导致人民消费的数量减少了，所以收入还没有苹果酒税多。但是，为了弥补这两种税使它们达到平常额，所以，在所谓的地方消费税下，包含了下面的税：每半桶苹果酒6先令8便士的旧消费税，酸果汁酒每半桶6先令8便士的旧消费税，每桶醋8先令9便士的旧消费税，蜜酒或蜜糖水每加仑11便士的旧消费税。这种税的收入，用来弥补上面所说的麦芽税中包含的苹果酒税和浓啤酒税的收入，恐怕绰绰有余了。

麦芽不但可以用来酿造浓啤酒和淡色啤酒，而且还可以用来制造下等火酒和酒精。如果麦芽税提高到了每夸特18先令，那么以麦芽为部分原料的那些下等火酒和酒精的消费税，就有必要降低一些了。在所谓的麦芽酒精中，麦芽通常占1/3，另外2/3，有时候全部都是大麦，有时候是1/3的大麦和1/3的小麦。在麦芽酒精蒸馏所里，走私的机会和诱惑比在酿造厂或麦芽制造厂里多很多。酒精的容积比较小，但是价值比较大，所以走私的机会比较多；同时，每加仑酒精的税率为3先令1023便士，赋税比较沉重，所以诱惑比较大。麦芽税增加，蒸馏所征收的赋税减少，差不多就可以减少走私的机会和诱惑，从而大大增加国家的收入。

因为国家认为酒精饮料是对人民健康和品德都有害的，所以，在过去的一段时间里，英国曾经把减少对这种饮料的消费作为一项国家政策。根据这种政策，对蒸馏所赋税的减轻，不能减轻到会让酒精饮料价格降低的地步。也许就因为这个原因，酒精的价格一直都很高。同时，像麦酒、啤酒这种既无害健康又让人精神抖擞的饮料，价格则明显下降了。这样一来，现在人民抱怨最多的负担，就得到了部分的减轻，同时国家收入也明显增加了。

达文南特博士反对对现在消费税制度进行的这种改变，但是，他的反对似乎全无根据。他认为，改变后，这种税没有公平地在麦芽制造者、酿造者和零售商人各自获得的利润中进行分配。在会让利润减少的范围内，它全部都由麦芽制造者承担了；而且，酿造者和零售商人还可以通过提高酒精的价格取回缴纳的税款，但是麦芽制造者却很难这样。另外，对麦芽征收这么高额的赋税，一定会大大减少种植大麦的土地的地租和利润。

从相当长的时期说，没有一种税能够降低某种特定职业的利润率；不论是什么职业，它的利润率都是和邻近的其他职业的利润率水平相当的。现在的麦芽税、啤酒税和麦酒税，都绝对不会影响商人从这些商品中获得的利润；他们在提高货物价格时，一定会把支付的税金和利润一起加进去。当然，对一种货物征税，一定会让它的价格提高，从而减少人民对这种货物的消费。但是麦芽的消费是在酿成了麦芽酒精以后，麦芽酒精的价格已经由原来的24先令甚至25先令的税提高了很多，所以，现在由麦芽每夸特18先令的税代替，绝对不会再提高了；相反，说不定还会因此降低一些。由此，对它的消费，与其说会减少，不如说会增加。

对消费品征收的赋税有两种征收方法：方法一，由政府征收。在这种情况下，政府直接任命收税官吏，收税官吏直接对政府负责，并且政府每年的收入随着税收的变化而不同。方法二，政府规定税收的数额，然后，责成承包征收赋税的人（以下简称包征者）负责征收。在这种情况下，包征者需要自己任命征税人员，这种征税人员虽然有按照法律规定的方法征收赋税的义务，但是受包征者监督，对包征者直接负责。最好的、最省钱的征税方法，绝对不能使用这种包征制。包征者除了需要支付国家额定的税款、征收人一定的薪俸和全部的经营费用外，至少还需要从征收的赋税中对自己垫付的资金、所冒的风险、所经历的困难，以及应对这种非常复杂的事务经营上所必需的知识和技能，提取一定的利润。如果政府像包征者那样建立类似的征税制度，自己直接管理，至少这笔利润（这笔利润通常是非常大的）是可以节省下来的。

据说，在荷兰，对生活必需品征收的税十分重，以至于曾经破坏了该国所有的主要制造业。就连渔业及造船业恐怕也会逐渐地受到阻碍。英国对生活必需品征收的税很轻，所以没有听说有哪种制造业曾经因此受到阻碍。英国的制造业没有承担沉重的赋税，如果有的话，也只是原料进口税，特别是生丝进口税罢了。

当所有适合征税的对象都被征过税之后，如果国家的紧急状况仍然需要征收新税，那就只有对那些不适合征税的对象进行征收了。因此，对生活必需品征税，并不是因为荷兰政府愚昧无知，而是因为荷兰政府要取得独立、维持独立。所以，尽管平时的时候非常节俭，但是一旦遇到耗费巨大的战争，就不得不大量借债。另外，荷兰是一个比较特别的国家，为了维护它的存在，换句话说，为了防止它不被海水吞没，每年都需要花费一笔巨大的费用，因此，人民的负担就更加地重了。荷兰之所以这么伟大，主要因为其共和政体。在荷兰，大资本家和大商人或者直接参与政治统治，或者间接地影响政治势力。因为人们可以通过这种地位赢得别人的尊重，树立自己的权威，所以，就算和欧洲其他地方相比，在这个国家使用资本利润会稍微低一些；在这个国家贷出资本利息会少一些；在这个国家通过资本获得的少量收入可以购买到的生活必需品和便利品也要少一些，他们仍然愿意居住在这个国家。这种富有人士定居的结果就是，就算它受到的阻碍作用再多，也仍然可以在某种程度上维持该国产业的发展。一旦这个国家发生灾难，共和政体遭到破坏，国家的统治权落到了贵族或者军人手中，而这些富有人士的重要性完全消失，那么他们就再也不会乐意居住在这个不再受别人尊重的国家里了。他会把自己的住处及资本一起迁往其他国家。这样一来，一直都由他们支持的荷兰产业和商业，就会紧随着资本的转移而转移。

图书在版编目（CIP）数据

国富论 / (英) 亚当·斯密著；高格译. — 北京：中国华侨出版社，2018.3（2021.9重印）

ISBN 978-7-5113-7522-3

Ⅰ.①国… Ⅱ.①亚… ②高… Ⅲ.①古典资产阶级政治经济学 Ⅳ.①F091.33

中国版本图书馆CIP数据核字(2018)第031333号

国富论

著　　者：[英] 亚当·斯密
译　　者：高　格
责任编辑：高文喆
封面设计：冬　凡
文字编辑：李　波
美术编辑：杜雨翠
经　　销：新华书店
开　　本：880mm×1230mm　1/32　印张：8　字数：189 千字
印　　刷：三河市燕春印务有限公司
版　　次：2018 年 5 月第 1 版　2021 年 9 月第 14 次印刷
书　　号：ISBN 978-7-5113-7522-3
定　　价：35.00 元

中国华侨出版社　北京市朝阳区西坝河东里 77 号楼底商 5 号　邮编：100028
发 行 部：（010）88893001　　　传　　真：（010）62707370